律动生命

问题导向下的课堂教学实施与策略

钟水长 / 著

东北师范大学出版社

长 春

图书在版编目（CIP）数据

律动生命：问题导向下的课堂教学实施与策略 / 钟水长著. — 长春：东北师范大学出版社，2021.7
ISBN 978-7-5681-7617-0

Ⅰ.①律… Ⅱ.①钟… Ⅲ.①课堂教学—教学研究 Ⅳ.①G424.21

中国版本图书馆CIP数据核字（2021）第143539号

□责任编辑：石　斌　　　　□封面设计：言之凿
□责任校对：刘彦妮　张小娅　□责任印制：许　冰

东北师范大学出版社出版发行
长春净月经济开发区金宝街118号（邮政编码：130117）
电话：0431-84568115
网址：http://www.nenup.com
北京言之凿文化发展有限公司设计部制版
北京政采印刷服务有限公司印装
北京市中关村科技园区通州园金桥科技产业基地环科中路17号（邮编：101102）
2021年7月第1版　2021年8月第1次印刷
幅面尺寸：170mm×240mm　印张：12.25　字数：171千

定价：45.00元

目 录

第一章
课堂教学变革：一些理论或政策依据的思考 ………………… 1

一、课堂教学改革的理论依据及思考 ……………………………… 1
　　（一）人的全面发展——课堂教学的教育底色 ………………… 1
　　（二）现代人本主义——课堂教学的生命主张 ………………… 3
　　（三）建构主义——课堂教学的实践旨向 ……………………… 5
　　（四）多元智能——课堂教学的评量尺度 ……………………… 6
二、课堂教学改革的政策依据及思考 ……………………………… 8
三、课堂教学改革的现实背景 ……………………………………… 10
　　（一）成就显著但需冷静看待 …………………………………… 10
　　（二）教育有显著改善但仍面临着巨大的挑战 ………………… 10
　　（三）当代社会背景下教育发展的现状及原因分析 …………… 12
　　（四）传统教育依然广有市场 …………………………………… 16
四、当前教育改革的举措 …………………………………………… 18
　　（一）改革教育体制 ……………………………………………… 18
　　（二）建立学生素养发展体系 …………………………………… 18
　　（三）改变评价机制 ……………………………………………… 20

第二章
问题导向下的课堂教学任务：一些责任与使命 ······ 21

- 一、"主体"与"主导" ······ 21
  - （一）一般意义上的"主体"与"主导" ······ 21
  - （二）问题导向下的课堂教学的"主体"与"主导"观 ······ 23
  - （三）"主体"与"主导"需处理的几种关系 ······ 24
- 二、"讲堂"与"学堂" ······ 26
  - （一）"度""量"与"序" ······ 26
  - （二）"鱼""渔"与"欲" ······ 28
- 三、"精彩"与"成就" ······ 30
  - （一）谁的精彩 ······ 30
  - （二）谁成就谁？ ······ 31
- 四、"倾听"与"表达" ······ 31
  - （一）学会倾听 ······ 32
  - （二）乐于表达 ······ 34
- 五、"评价"与"评析" ······ 36
  - （一）善用"评价" ······ 36
  - （二）科学"评析" ······ 37
- 六、"告知"与"求知" ······ 37
- 七、"模式"与"模式化" ······ 39
  - （一）"模式"的作用 ······ 39
  - （二）"模式"不等于"模式化" ······ 41

第三章

问题导向下的课堂教学策略：两大"抓手"及建设…………… **45**

 一、小组建设 ……………………………………………… 45
  （一）小组组建的依据 ………………………………… 45
  （二）小组的组建 ……………………………………… 46
  （三）小组文化建设 …………………………………… 47
  （四）组规的制定 ……………………………………… 48
  （五）小组的培训 ……………………………………… 49
  （六）小组的运行 ……………………………………… 51
  （七）课堂教学中小组运行的几个环节及注意事项 … 52
 二、导学案的编写与使用 ………………………………… 55
  （一）实施导学案的意义 ……………………………… 55
  （二）什么是导学案 …………………………………… 55
  （三）编写导学案的指导思想 ………………………… 57
  （四）导学案的编写原则及要求 ……………………… 57
  （五）导学案的基本组成及具体要求 ………………… 59
  （六）编写、使用导学案应注意的几个问题 ………… 61

第四章

问题导向下的课堂教学实施：立足于校本的教研…………… **65**

 一、培训工作 ……………………………………………… 65
  （一）宏观建构层面的培训 …………………………… 65
  （二）职能部门层面的培训 …………………………… 66

　　　　（三）年级组层面的培训 …………………………… 67
　　　　（四）班级层面的培训 ……………………………… 67
　　　　（五）学科组层面的培训 …………………………… 67
　　二、推进工作 …………………………………………… 68
　　　　（一）制度保证 ……………………………………… 68
　　　　（二）活动开展 ……………………………………… 70
　　三、反馈评价 …………………………………………… 94
　　　　（一）教师层面 ……………………………………… 95
　　　　（二）学生层面 ……………………………………… 98

第五章

问题导向下的课堂教学案例分析：基于事实的理性诊断 …… 115

　　一、小组建设案例分析 ………………………………… 115
　　　　（一）小组文化建设典例分析 …………………… 115
　　　　（二）班规典例分析 ……………………………… 118
　　二、导学案编写案例分析 ……………………………… 121
　　　　（一）"青优课"导学案案例分析 ………………… 121
　　　　（二）"骨干教师示范课"导学案案例分析 ……… 131
　　　　（三）"教学设计"大赛案例分析 ………………… 137

第六章

问题导向下的课堂教学成果示例：基于发展的思想碰撞 …… 145

　　一、教学设计 …………………………………………… 145
　　　　（一）古典诗歌新授课导学案（教师版） ………… 145

（二）古典诗歌专题教学导学案（教师版） ·············· 150
　　（三）古典诗歌新授课导学案（学生版） ················ 157
　　（四）现代文新授课导学案（教师版） ·················· 161
二、课例分析 ·· 168
　　（一）课例分析："由一节课管窥当前的高中文言文教学" ······ 168
　　（二）教学实录：《冬天之美》 ·························· 172
三、班级管理 ·· 177
　　（一）快两步 ·· 178
　　（二）慢三步 ·· 180

参考文献 ··· 183

第一章

课堂教学变革：
一些理论或政策依据的思考

长期以来，我国的课堂教学都是以教师的"教"作为主基调的，教师处于绝对的主导地位，学生只能被动地学习。这种课堂教学模式虽然在特定的历史背景之下起到了重要的作用，但随着新时代的到来，教育的变革迫在眉睫，课堂教学也到了必须做出改变的时候。随着课改理念的深入人心，以促进人的发展为核心的课堂教学改革引发人们的深入思考。

一、课堂教学改革的理论依据及思考

（一）人的全面发展——课堂教学的教育底色

在马克思主义学说中，人的全面发展理论是其核心部分，这也是我国课堂教学改革的理论基石。马克思主义认为，人类全部历史的前提是"现实的个人"，是那些从事感性活动的、社会的、历史的人。在资本主义社会中，人却被无情地异化为机器的附属物，未来社会应该把人从一切"非人"的境遇中解救出来，实现人类的解放和"一切人的自由发展"。人作为实践的存在，其"职责、使命和任务就是全面地发展自己的才能"，并且"每个人都无可争辩地有权全面发展自己的才能"。马克思主义学说中关于人的全面发展理论十分丰富，从课堂教学的角度来看，以下几点值得我们重视。

1. 整体发展是个体发展的基本内涵

马克思认为，人是自然属性、社会属性和精神属性的统一体，三者是"现实的个人"的完整表征。在三种属性之中，社会属性处于主导地位，因为"人的本质不是单个人所固有的抽象物。在其现实性上，它是一切社会关系的总和"。每个人都身在自己编织的关系网中，也只有在社会关系中才能生存和发展。"社会关系实际上决定着一个人能够发展到什么程度"，只有充分协调自我与社会的关系，人才能达到"单个人的解放程度"与"历史完全转变为世界历史的程度一致"。因此，学生的发展不仅指个人的全面发展，还指人类整体的全面发展，"人的发展和社会发展不仅是同步的，而且是同一问题的两个侧面"，二者相辅相成，互为支撑。

2. 需要是个体发展的直接动因

需要体现了生命的一种匮乏状态，构成了全面发展的源泉和动力。在马克思看来，人的"需要即他们的本性"。人的活动是一种目的性的活动，蕴含着对自己生存、享受和发展需要的追求和满足，"任何人如果不同时为了自己的某种需要和为了需要的器官而做事，他就什么也不能做"。需要是多种多样的，"现实世界中人人都有许多需要"，需要不是一成不变的，而是随着需要满足和社会实践不断发生变化的。总之，需要是生命机体的客观属性，也是个体行为的驱动力量。教学应该善于利用学生的需要，使其成为刺激学生成长的内在动力，推动学生进行自我改造和完善。

3. 素质是全面发展的指向要义

在马克思学说中，人的素质发展是全面发展理论的要义。素质发展包括智力和体力的协调发展。人是精神和身体的统一体，马克思说："我们把劳动力或劳动能力，理解为人的身体即活的人体中存在的、每当人生产某种使用价值时就运用的体力和智力的总和。"（《马克思恩格斯全集》第23卷第190页）能力的全面发展是人的全面发展的重要指标。"任何人的职责、使命、任务就是全面地发展自己的一切能力。"应当使人生存发展需要的最基本、最基础的素质和能力得到完整、和谐地发展。在"学为中心"的课堂教学中，应当更加关注人的素养发展，使人"成为各方面都有能力的人"。这不仅是一切教学活动的核心工作，也是教学回归原点的必然诉求。

4. 自由个性是全面发展的目标内核

具有自由个性的人是全面发展的最高目标，是衡量社会发展的价值尺度。马克思认为，人是追求全面发展的人，但总遇到来自社会的压力和束缚，因此，人应该诉诸"解放"的价值理念改造社会，使自己成为"本身的主人——自由的人"。只有摆脱对人或对物的依赖关系，以"有个性的个人"代替"偶然的个人"，打破同步化、标准化、单调化、定型化的依赖格局，人才能自主地把握自己的命运，社会才能充满生机。这种指向也是"以生为本"课堂教学的努力方向。只有注重个性的发展，尊重生命的独特，学生才能成为完整、独立的个体，才能成为驾驭成长和发展的"真正的主人"。

（二）现代人本主义——课堂教学的生命主张

人本主义发轫于古希腊，盛行于现代社会。其发展过程既是生命不断被发现、尊重、珍视的过程，也是将人"还原"为人，实现人的完善、完整和超越的过程。在人本主义思潮中，现代人本主义对教育的参考价值最大。现代人本主义围绕着人的生存、意义、解放等问题，重视人的价值和作用，强调人的地位和尊严，追求人的个性与潜能发展，反对人在机器的旋转中异化为"单向度的人"。当前，现代人本主义已成为教育反抗工具理性、破除科学迷信的武器，同时它也是新课程的核心理念及"问学"课堂教学的重要主张。

1. 教学应以人为本，立足培养完整的人

在行为主义和精神分析统摄的传统教学中，人被当作"较大的白鼠"和"较慢的计算机"，动物实验或精神患者的研究结论被用于解释人性。人本主义对此提出了质疑。在人本主义看来，人是有思维、情感和内心体验的生命体，其行为不能简化为"刺激—反应"的连接，也无法用数学、实验进行抽象解释与概括。教育应该重新评估人的本质和价值，抛弃物化和压迫式的教育环境，使人达到"完人"的境界。这种"完人"的境界，根据罗杰斯的解释就是：能从事自发的行动，并对这些行动负责；能理智地选择和自定方向；批判性地学习，能评价他人所做出的贡献；能获得解决问题的知识；能灵活理智地适应新的问题情境；在自由和创造性地运用相关经验时，能融会贯通地处理问题；在活动中有效地与人合作，不是为赞许，而是按照自己的社会化目标工作。教育的目的在于培养完整的人，以"学为中心"的课堂教学也应当在促进学生认知（理智、知识、理解）与情意（情绪、情感、态度、价值）等方面协调发展。不仅要关注学生的单一素质，还要以"人的能力的全面发展"为指向。

2. 教学应挖掘人的潜能，促成人的自我实现

现代人本主义指出，有机体都有发展潜能的"现实化倾向"。只要具备合适的条件，就乐于发挥自己的聪明才智，来实现自我的价值。"就像一粒种子，只要有适宜的土地、水分和气候等外部条件，便会以最优的方式成长起来。"马斯洛、罗杰斯对此有清晰的论述。马斯洛认为，人具有生理、安全、归属与爱、尊重、认识、审美、自我实现的"天赋"需要，低层次的需要满足之后，就会自动产生实现高层次需要的渴求。教育的本质就是发展人的潜能，在满足最基本需要的基础上，使潜能得以实现、保持和增值。罗杰斯也有类似观点，他指出："所有的人都有一种内在需要，以生长、生存和提高他们自己。""就像冬天在地下室储藏的马铃薯，它要发芽，这芽有可能爬行几尺远以达到有光源的窗口。虽然这种细弱苍白的幼芽远不如正常条件下在泥土中生长的根须苗壮，但它总是要发展自己。"因此，由于有机体具有自我实现的本能，教学的重点就不在于过度干预，而是提供一个安全、自由和充满人情味的环境，引导学生激活潜能，保证成长能够自动地实现。

3. 成功的教学源于尊重学生

传统学生观认为，课堂是教师传授知识的场所。教师是知识的传播者，学生是知识的接受者；教师是课堂的控制者，学生是课堂的旁观者。经常出现学生在学校，心却走了的尴尬现象。现代人本主义指出，学习是有目的、有选择的自发活动，成功与否关键在于学生。如果学生只是游移在课堂边缘的"看客"，没有学习的冲劲和兴趣，教学活动就会劳而无功。因此，如果希望学习真正发生，就应该"把每个学生都当作具有自己独特感情的人来看待，而不是作为授予某些东西的物体"。教师的任务不是教学生知识，而是以"学习促进者"的身份唤醒学生的主体意识，鼓励学生积极参与学习。

（三）建构主义——课堂教学的实践旨向

20世纪80年代以来，建构主义成为一道亮丽的风景线，被誉为教育变革的"主流理论"。作为解释"知识是什么"和"学习是什么"的理论，建构主义的观点包括三个方面：①知识是个体的主动建构，不是被动地接受或吸收；②知识反映的是个体的主观经验；③知识是经过磋商与和解的社会建构。这些基本原理构成了当今学习理论的基础，影响着国内教育变革的进程，也是"学为中心"的课堂教学中必须思考的问题。

1. 知识不是客观世界的映像，而是个体经验的生成

19世纪以来，客观主义知识观一度独领风骚。知识的生产排除或"悬置"个人价值，在无污染的环境中由科学家"以事实在思想中的摹写"，按照严格的程序进行提纯和精练。知识外在于人的心灵，具有确定性和权威性。进入20世纪，随着学科发展"迈向意义的世界"，客观主义知识观受到建构主义的批判。建构主义指出，知识是动态的、变化的，个体对客观世界的理解和意义赋予，依赖于背景经验，取决于特定的情境。每个人的经验和价值取向不同，知识的意义建构也就有所区别。简而言之，知识不是个体对客观世界的客观反映和表征，而是个体依据自身经验对客观世界的个性化解释。因此，就课堂教学而言，教师既不能把预设好的知识教给学生，也不能通过灌输、压服的方式使学生习得知识。

2. 学习是引导学生主动建构的活动

从传统教学观的层面看来，知识具有不言自明性，是外在于教师和学生的客观存在。教学是一个被动的知识记忆、储存、提取的过程。这种勉强、低效而令人生厌的教学空耗了人的生命，扼杀了人的灵魂和天性。建构主义对传统教学观进行了批评。它指出，学习"在本质上是学习者主动建构心理表征的过程"。学生来到学校，在知识获取时，不是简单"把知识从外界搬到记忆中，而是以学生已有的经验为基础，通过与外界的相互作用来建构新的理解"。这提醒我们，教学既不能忽视学生的知识经验，也不能理解为知识的搬运、转移活动。要想使学生的知识学习与意义建构更加高效，就需要把学生放在教学的"中心"，发挥认知主体的作用。

3. 教学是师生之间的合作性建构

客观知识观支配下的传统教学，教师是"掌握知识和评判知识正确性的唯一权威"，教学以"教"为主，甚至以教代学，教学设计"精准"到了每一个步骤，"周密"到了"滴水不漏"。师生之间不是合作、平等、对话的"融洽"关系，而是支配与被支配、控制与被控制、约束与被约束、改造与被改造的"对立"关系。建构主义反对这样的课堂形态，它认为，学习不是固定知识单方"先入为主"的"灌输"，而是在教师引导下学生自主地建构。教学应当成为"教师和学生对世界的意义进行合作性架构的过程"，在"对话式的实践"中，师生共同拓展知识的可能空间，走向合作与生成。

（四）多元智能——课堂教学的评量尺度

20世纪80年代以来，加德纳提出的多元智能理论风靡一时，在国内被称为"课改走向成功的新支点"。多元智能理论反对"一元化的教育"对课堂的控制，认为"统一规划的学校教育"及配套的"智商式思维"不合时宜。因为它会导致隐藏在学生身上的智能无法充分开发，造成人才的浪费和潜能的埋没。多元智能理论的诸多观点，如"每个正常的人与生俱来都拥有多项智力的潜能，人类个体的不同在于所拥有的智能强项和弱项存在差异与组合不同""教育的作用在于是否使得每个人的智力潜能得到充分发挥"，这些观点给"学为中心"的课堂如何评价学生、如何认识教学提供了很多启示。

1. 人的成长需要多元化的评量视角

多元智能的讨论始于对智商概念的质疑。1905年，比奈编制出世界上第一个智力（智商）量表，对学生的学业评判用数字代替主观判断。后来，教育评价受此影响开始向语言和数理逻辑能力倾斜，却罔顾其他能力。最重要的学科就是适合采用这种考试方式的学科（如数学、科学、语文、历史等），而那些正规考试难以控制的学科（如艺术等）最不受重视。教师教学以同质化的方式进行知识教授，并借助纸笔测验对人的聪明程度进行评估——智商高的人聪明，智商低的人愚笨。加德纳指出，这种侧重认知或学业的"终极性"评价是片面的。人的智力是相互独立的，各自有着不同的发展规律并使用不同的符号系统，而不是以整合的方式单一存在的。就其基本结构而言，每个人身上至少存在八又二分之一种智能，这些相对独立的智力以不同的方式和程度有机地结合在一起。即使是同一种智力，其表现形式也不一样。如果给予适当的鼓励和教育，每个人都能使自己的全部智能提升到相当高的水平。既然人的智能构成是多元的、弹性的，课堂教学就应该充分尊重学生的长处，用多维、全面和发展的眼光看待学生，借助多样化的教学手段支持学生的个性化学习。

2. 评量的目的在于促进学生的发展

长期以来，在"选拔适合教育的学生"的目标驱使下，传统教学借助预设的常模将学生置于同一把"尺子"之下，用一刀切的方法区分优劣。加德纳反对这种做法，他认为，"单一分数只代表了某种脱离现实情境的不全面的信息，只代表学生在某一方面特定测验上的一次表现，而不是学生学习及发展的真实情况"。若以此作为选拔人才的标准，会造成教师、学生脱离社会重视的知识领域。对语言、数学能力的过度重视，会导致学校选拔功能的弱化。那些语文、数学不好的学生容易遭到抛弃，即使他们在音乐、体育、美术等领域拥有天赋。因此，加德纳指出，学校里不存在谁更聪明的问题，只存在哪些方面聪明以及怎样聪明的问题，所有学生都有自己的智能强项和智能弱项，每个学生都有发展的潜力，都能获得成功。教育应该关注学生怎样获得生活技能、开发多种智能并帮助学生发现适合其智能特点的专业和业余爱好。我们不能忽视、不能假设每个人都拥有（或者应该拥有）相同的心理智能，而是应该努力确保每个人所受的教育，都有助于受教育者最大限度地发挥其智慧潜能。在课堂教学中，对学生评价的标准必须从你的智商有多高转移到你的智能类型是什么，如何开发和培养你的智能。只有把目光重新聚焦在学生的成长和发展上，教育才能"在每个人身上得到最大的成功"。

二、课堂教学改革的政策依据及思考

2013年，中共十八届三中全会通过了《中共中央关于全面深化改革若干重大问题的决定》，对作为教育体制改革中的重点领域和关键环节的高考改革做出了全面、系统、明确的部署；2014年9月，国务院印发的《关于深化考试招生制度改革的实施意见》，明确了学生的高考成绩将采用"3+3"模式。除了统一高考的语文、数学、英语三科外，还要加上学生自己选择的三科学业水平测试的成绩。此外，本轮的改革在高考招生制度、高校招生录取机制上都做出了重大调整。在招生制度上将采用分类考试、综合评价、多元录取的基本模式；健全考试与招生相对分离、学生考试可多次选择、学校依法自主招生、专业机构组织实施、政府宏观管理、社会参与监督的运行机制；架构衔接与沟通各级各类教育、认可多种学习成果的人才成长"立交桥"。

随着时代的发展和社会的进步，中国传统的教育方式已然不能满足需要，教育呼唤改革，特别是呼唤基于促进人的发展、切合时代未来发展需要的教学改革。2010年，国务院颁发的《国家中长期教育改革和发展规划纲要（2010—2020年）》中明确要求："把育人作为教育工作的根本要求，尊重教育规律和学生身心发展规律。要以学生为主体，以教师为主导，充分调动学生学习的积极性、主动性，把促进学生成长成才作为学校一切工作的出发点和落脚点"。这是新一轮课堂教学改革最为重要的政策依据。

随着教育改革的不断深入，国家对教育的发展提出了更高要求。2019年6月11日，国务院办公厅印发的《关于新时代推进普通高中育人方式改革的指导意见》中明确提出，要深化课堂教学改革。要求"按照教学计划循序渐进开展教学，提高课堂教学效率，培养学生学习能力，促进学生系统掌握各学科基础知识、基本技能、基本方法，培养适应终身发展和社会发展需要的正确价值观念、必备品格和关键能力。积极探索基于情境、问题导向的互动式、启发式、探究式、体验式等课堂教学，注重加强课题研究、项目设计、研究性学习等跨学科综合性教学，认真开展验证性实验和探究性实验教学"。2019年6月23日，中共中央、国务院联合印发的《中共中央 国务院关于深化教育教学改革全面提高义务教育质量的意见》中明确要求，要"优化教学方式。坚持教学相长，注重启发式、互动式、探究式教学，教师课前要指导学生做好预习，课上要讲清重点、难点、知识体系，引导学生主动思考、积极提问、自主探究。融合运用传统与现代技术手段，重视情境教学；探索基于学科的课程综合化教学，开展研究型、项目化、合作式学习。精准分析学情，重视差异化教学和个别化指导"。这两份文件就新时期教育培养什么样的人，为谁培养，怎样培养等问题提出了明确的要求，明晰了新时期课堂教学改革的方向和目标，对课堂教学实施的方法、策略、途径进行了界定。

2019年2月中共中央、国务院印发的《中国教育现代化2035》中提出了推进教育现代化的八大基本理念：更加注重以德为先，更加注重全面发展，更加注重面向人的发展，更加注重终身学习，更加注重因材施教，更加注重知行合一，更加注重融合发展，更加注重共建共享。同年6月，中共中央、国务院印发的《中共中央 国务院关于深化教育教学改革全面提高义务教育质量的意见》以质量强国，培育国际竞争新优势，为实现两个一百年奠定教育质量基础为基点，要求教育要立德树人、五育并举、面向全体、面向未来（创新素养）、关注差异，要求将深化教育教学改革作为教育发展的路径，要求建立科学的评价体系，确立区域教育质量标准、学校办学质量标准及学生成长质量标准。

综上所述，社会的不断发展对教育提出了更高的要求。它要求教育必须与时俱进，不能固守不前。因此，促进教育发展的政策文件也应运而生，这些政策文件对教育的发展方向、人才培养的目标，甚至对实现教育目标的策略均有了明晰的要求。可以说，促进教育更好发展的教育变革已成滚滚洪流，任何教育主体都不能置身事外、冷眼旁观。学校必须顺应教育发展的时代大潮，对当前的教育发展现状仔细诊断，发现存在的问题，并提出相应的改革策略。课堂是教师的主阵地，课堂教学事关教师的专业成长、学校的办学质量和学生的未来发展。

三、课堂教学改革的现实背景

（一）成就显著但需冷静看待

中华人民共和国经历几十年的发展，在政治领域（如港澳回归、"一带一路"、亚洲投行、杭州G20峰会、联合国安理会常任理事国等），经济领域（如经济总量全球第二、西气东输、南水北调、三峡大坝、西藏天路、高铁、钢铁产量、中国高速公路12万千米、港珠澳跨海大桥等），科技领域（如中国天眼、北斗卫星、神舟飞船、嫦娥工程、两弹一星、量子卫星墨子号、雪龙号极地考察船等）、军事领域（如辽宁航母、东风21D、四代重歼、大型运输机、万吨大驱、战略核潜艇、和平方舟等）四大领域均取得了举世瞩目的成就。但我们也必须承认，中国和一些发达国家尤其是和美国相比，在某些领域，如科技创新、制造业、航空、教育等领域，还存在一定的差距。既不夜郎自大，也不妄自菲薄。决定一个国家综合实力的最根本因素是教育，只有好的教育才能培育出优秀的人才，有好的人才才能有更强的科技实力和综合实力。

（二）教育有显著改善但仍面临着巨大的挑战

1. 面对综合国力的强大，教育应如何应对？

据2017年教育事业发展统计公报结果显示，全国共有义务教育阶段学校

21.89万所，在校生1.45亿人，专任教师949.36万人。另一项统计结果显示，2018年高考人数达975万，2019年高考人数突破1000万。这两项数据体量庞大，反映了我国基础教育所取得的巨大成就，这个成就也是我国经济总量发展的巨大推动力。但我们也应看到，截至2013年年底，全国义务教育阶段在校生中流动儿童1277万人，农村留守儿童近6000万人。此外，我们还应看到，高校发展存在明显的短板，创新型人才的培养从机制到实效都饱受诟病。当下国际社会的竞争日趋激烈，中国不能因经济体量的庞大而沾沾自喜，要想拥有更多的话语权、获得更大的生存空间，必须在教育发展、人才培养上有更大的作为，教育也必须顺应时代的要求，做出更大的改变。

2. 面对创新型社会建设、新技术发展的迫切需要，教育应如何应对？

社会若要获得更多的活力，就必须进行创新。中国长期以来，重"道"而轻"术"，但必须承认，当下的社会对这一观念提出了极大的挑战，"道"固然重要，但"术"也日益被社会所认可。社会的创新发展不仅需要先进的理念作为支撑，还需要千千万万的、术业有专攻的、精益求精的工匠，二者相得益彰，缺一不可。显然，传统观念支撑下的人才观、教育观在新时期必须进行大的变革。在对方法（技术）的认识上，既要让教师有先进的教育理念，又要让教师真正掌握科学的教学方法与策略（技术），并能运用方法和策略帮助解决"怎么教"和"怎么学"的育人核心问题。

3. 面对新世纪的学生，教育如何应对？

在新世纪，社会在变，学生也在变，切不可用一成不变的眼光看待他们。2018年腾讯发布了一项针对00后的调查报告，报告中就00后的价值观进行了研究分析（见图1-1）。

图1-1

这份调查报告对于不少教师来说是很有冲击力的,因为当下社会的某些人士是喜欢给"80后""90后""00后"等贴标签的,尽管这些标签往往是非理性的,但大家似乎也没有改变的意愿,不少教师亦然。"00后"在他们看来就是"自信、叛逆、追求自由、另类"等词语的代名词。这与调查得出的结论相去甚远,如果仅凭感知,先入为主地施教,其效果可想而知。因此,新世纪的教育需要对学生有更全面、更准确地了解,需要更多理性的融入,有更多情感的融汇……唯有如此,方能更精准地选择合适的施教策略。

此外,新世纪的教育必须思考一个问题,面对学校教育的有限性和人的发展、知识发展和能力发展的无限性,当下的教育该如何应对?这既需要宏观的思考,又需要广大教育工作者在课堂教学的点滴智慧,同时也对当前的课堂教学提出了严峻的挑战。

(三)当代社会背景下教育发展的现状及原因分析

1. 现状

一项调查结果显示,现在的学生发展现状堪忧,他们在身体素质、心理健康、创新能力、实践动手能力及社会责任感等方面都表现不佳(见图1-2)。

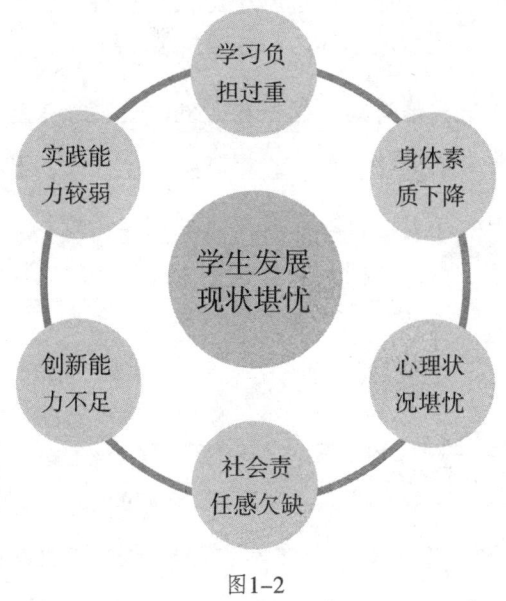

图1-2

2. 原因分析

（1）整个社会未建成家校生三位一体的教育体系。

毋庸讳言，当下的学校教育依然发展不均衡，部分学校的办学质量依然不能让人满意，部分学校的部分教师的教学能力也不能让人完全放心，这都是当下要解决的问题。但就目前的情况来看，家长的缺席依然是当前教育的一个极为明显的短板。这表现在家长素质的参差不齐，部分家长缺乏基本的教育理念与教育策略；部分家长对教育的认知存在偏差，认为教育就是学校的事，自己和孩子的教育没有必然的关系，因此将孩子的教育一味地推给学校，将自己置身事外。此外，还有一个现实的问题，那就是当前不少的家长忙于生计，没有时间和精力管教自己的孩子，数千万的留守儿童就是最好的证明。

最为可怕的是部分家长动辄拿维护权利说事，不让自己的孩子受半点的委屈，稍有不如意就找学校、老师的麻烦，轻则闯入校园讨说法，重则诉诸法律。这让很多教师不敢管，最终导致不想管。难怪有人说"小部分是非不分的家长正在干掉一批有责任心、爱心的教师"。事实上，只有负责任的教师才会管学生，在管教过程中即使有一些不让家长称心的事情，甚至是一些逾规的事情（这种情况对于专业教育工作者来说极少），也应尽可能心平气和地与教师沟通，做好孩子的心理疏导工作。有一句话是这样说的：一旦教师成了惊弓之鸟，教育就会步入死角。我想整个社会都应对教育有更多的耐心与关心，家长要本着促进孩子成长、教育发展的良好愿望，如此，家校生三位一体的教育环境方能形成，孩子也才能有一个良好的成长环境。

（2）对教育缺乏有效的监管和惩戒机制。

① 对学生没有惩戒权。

是否给学校相应的学生惩戒权，是当下讨论的热点话题之一。当下学校教育在对学生的教育问题上存在不少偏离轨道的现象：一是过度地保护，二是不正确地施予爱，三是只有常识教育而无挫折教育。这三者的集中表现就是对孩子只有所谓的"爱"，而丧失了"惩戒权"。这种现象出现的原因有很多，有的是迫于现实的无奈，有的是部分学校的管理机制出现了问题，还有的是教师的职业素养欠缺。但无论是哪一方面的原因，最终的结果都只能是给孩子带来长远的伤害，这种教育注定是残缺的、不完整的。

② 对教师没有恰当的评价机制。

这主要表现为两个极端：一是长期以来我们对教师的定位很高——最神圣、最光辉的职业。毋庸置疑，随着社会的进步及各方的重视，教育的重要性越来越得到大家的认可，教师也成为很多人渴求的职业。但也不可否认，在实际生活中教师在很多时候依然没有得到足够的尊重，很多可能本不应成为问题的问题往往被放大和渲染。这让部分教师在施教过程中心存顾虑，"时时在意，步步小心"，行中庸之事，说中庸之言，有的甚至"佛系""躺平"，无所追求，无所作为。必须承认，教师这个职业虽有其特殊性，有其特定的言行规范，但我想也不能完全将其视为没有七情六欲的"真空人"。如果能将教师视为鲜活的生命体，对其言行既不捧，也不损，用对待自然人、法理人的态度去对待，这样才能更准确地定位和评价。二是，现有的体制对部分教师缺乏约束力。教育的腐败也是当下谈论比较多的话题，在教师层面表现出来最为常见的现象就是教育行为懈怠、实施有偿家教、收受家长钱物等。其言、其行与教师的行为规范格格不入，但违规教师尤其是体制内教师能够逍遥法外，根本原因还在于现有的体制对其没有太强的约束力，体现为两点：一是体制本身存在漏洞，二是对管理机制的执行力不强。就前者而言，强化教师准入机制，打破教师"铁饭碗"的体制，那么难免有一些教师会犯各种各样的错误，甚至是出现明显的师德问题。就后者而言，必须清晰地认识到，要想实行现代化的教育，必须做到以法治校，依规管师。教师如果出现明显的错误却没有相应的惩戒措施，那么势必会让更多的教师争相效仿，甚至造成重大的影响力。

③学校缺乏免扰、免责机制。

这一点并不是说学校出现明显的失误而无人去管，无机制去约束，而是说当下的学校缺乏进一步自主发展的空间。虽然很多地方都会提"一校一品""一校一特色"，但从现实情况来看，绝大多数学校的发展都背上了沉重的包袱。有一项调查显示，当下的学校至少有五重压力（见图1-3）。

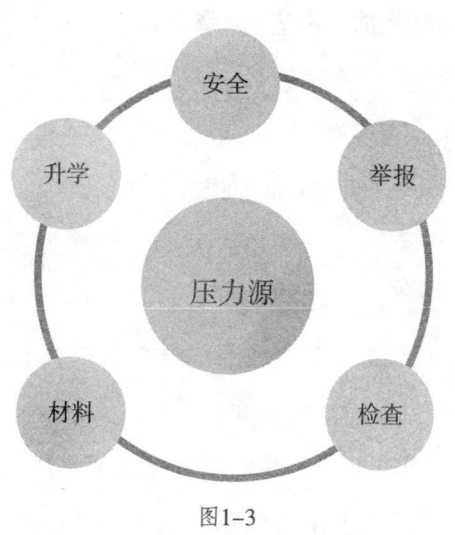

图1-3

除了政府部门的检查监督，社会其他各方也不断地给学校施加各种压力，尤其是对学业成绩的要求，这让学校喘不过气来。加之学校本身面临的学生管理、教师专业发展等一系列的事务，可以说学校所面临的压力巨大。稍有差池，上至校长，下至普通教师都要承受源源不断的压力。为应对如此重重压力，不少学校可能倾其所有也难以应付，很难再有时间和精力去拓展真正属于自己的自主空间，想要创建学校的办学特色恐怕也就无从谈起。

按照常理，与承受重重压力相对应的应该是学校应享有各种各样的与之相匹配的权利。但实际情况往往并非如此，可能也正因为学校肩负育人重任，其背负重重压力似乎也就名正言顺。学校的改革是很难，甚至是不可能得到试错机会的，一旦出问题，社会各方往往都不能给予足够的理解与宽容，学校内部也难免产生诸多的问题。因此，我们在学校经常听到诸如"你们要改革，但改革不允许失败；你们要改变教学方式，但成绩不能下滑"之类的说法。

很显然，当下的学校面临着变的良机，也面临着变所引发的的重重压力，这不仅需要学校内部的厉兵秣马、励精图治，还需要社会各方为学校的变革与发展提供更为宽松的空间，需要建立社会对教育的助力机制。毕竟，"变"已成这个社会最大的"不变"，每一名教育人都不能置身事外。

（四）传统教育依然广有市场

长期以来，受应试教育的影响，我们的课堂主要是向学生灌输知识、考试技能训练的场所。由于高考指挥棒的引导，课堂教学虽经多年的理论研究与实践探索，但改革的成效并不明显，没有从根本上解决问题，成绩依然是评价一所学校办学质量的至关重要（甚至是唯一）的指标。某些省市的某些学校，因其高考成绩的优异而获得极高的社会声誉，被教育主管部门树立为学习和模范的榜样。

这种成绩至上的思维使这个时代的教育改革举步维艰，一些学校课堂教学改革很难推进，以至于出现改革的泡沫现象。如果你真正的走进课堂，走进教师中间，你就会发现，课堂教学中存在着严重的表面繁荣的虚假现象。教师怕完不成教学任务，怕学生的训练减少影响学生的成绩，怕有限的时间让学生在合作探究中白白浪费，往往不主张、不积极地进行课堂教学改革。学生表面在进行合作与探究，却没有真正意义上的对话交流、思维碰撞和智慧共享；学生表面上在积极地交流与互动，对答如流，却没有真正意义上的发展与提升。所以，你会看到或了解到一些学校在课堂教学改革上阳奉阴违，领导到学校时会看到轰轰烈烈的课堂教学改革，但领导走后立即恢复到传统的教学模式。教育科研部门开展的各种优课活动，也经常成为少数教师精心准备的作秀课，而没有普遍形成课堂教学改革的常态。

课堂教学改革必须有一套科学的、切合学校实际的、操作性很强的运行机制，而且运作方式必须是全省范围内整体推进，方能取得较好的效果。仅由个别县市或学校独立进行，最终可能是"孤掌难鸣""不欢而散"。由于评价机制未改革，校长和教师都会在思想上存在"三怕"：一怕影响升学率，受领导批评和社会责难；二怕影响现有的教学秩序和管理体制，学校工作不好评价，教师工作业绩难以衡量；三怕短期难见成效，费力不讨好，影响政绩和名利。因此，现在进行的课堂教学改革只能是围绕如何提高升学率进行，很难达到改革的真正目的。

此外，还应看到，当今的学校大多数都存在着班额过大的突出问题，这是影响课堂教学改革的另一个难题。如果让一个班容量为60多人班级的所有学生都能够交流、互动和充分展示，会需要多长的时间？一节课平均一个学生会有多少的时间用于交流展示呢？学生的学案需要在课下准备，学生的作业需要在课下批改，现实背景下的教师如何应对？除此之外，在当今社会的教育背景下，成绩的压力巨大。学生早晨6点就上学，晚上10点还未完成作业，周末还要参加各类辅导班、补课班，这已经成为普遍现象；教师"早五晚九"成为工作常态，除应对教学压力外，还要应付来自社会及行政部门的诸多要求。试问，在这样的教育制度下，教师真正能有多少时间去研究学生、研究课堂、研究教学。当下的现实背景告诉我们，只有先进行考核评价机制的改革，才能有真正意义上的课堂教学改革，课堂教学改革从来都是发生在制度改革之后的，这个顺序不能也不会颠倒。

四、当前教育改革的举措

（一）改革教育体制

在"管""办"关系上行政机关要大胆放权，给学校充分的自主发展空间，即使要管也要确立科学的标准，必须用制度来管，而不能过多地掺杂人为因素；学校要依法办学，在此基础上享有更多的自主权，要根据自己的特点确立本校的办学思路，建立自己的办学理念，构建适合的办学体系。在"评"的机制上，处理好自评和他评的关系，建立多元的评价机制，忌评价的单一化。

就学校自身建设而言，要将学校的建设着眼于建立现代化的学校，加强制度建设、章程建设、标准化建设。在此基础上营造学校的人文氛围，让学校真正成为学习发生的地方。忌以人治代替管理，以人情代替伦理。

（二）建立学生素养发展体系

随着全球化时代的到来，知识与科技已成为这个时代国家实力发展的关键因素。这对教育的质量提出了更高的要求，对新型人才的需求更趋热切，尤其是对人才的综合素养有了更突出的要求。按照"素质教育冰山模型"（见图1-4），决定一个人知识、技能、行为习惯这些显性素质高下的，其实在于其并未外显的潜性素质。而这些潜性素质又突出表现在其信念、价值、规条及思维等方面的素质。这些显性素质与潜性素质共同构成了一个人的综合素质。要想提升一个人的综合实力，就必须全方位地提升素养，使其成为全面发展的人（见图1-5），由此中国教育进入了素养时代。

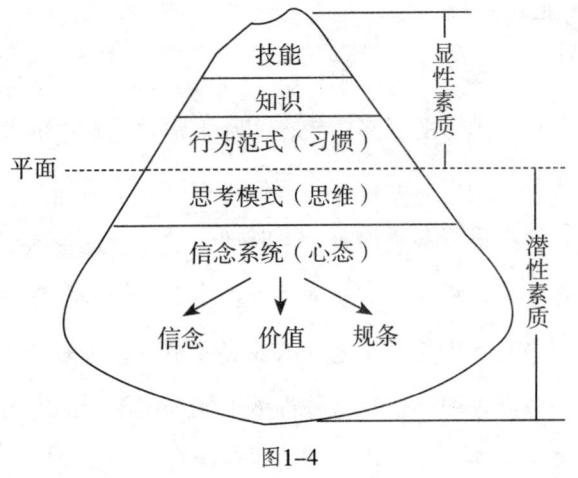

图1-4

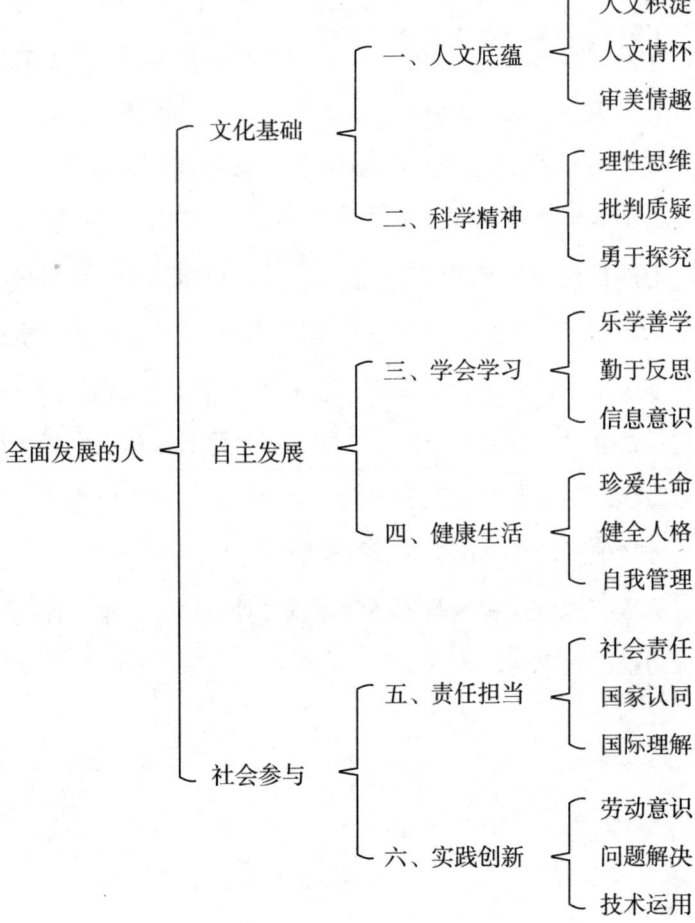

图1-5

（三）改变评价机制

首先要改变对学校的评价机制。

长期以来，很多地方的很多学校在实际上都缺乏自主的办学权利，社会各方往往用放大镜、用审视的目光去看待学校的办学情况。一些各部门经常以各种名目进入学校进行各类检查，不时地给学校下达各项指令，要求学校提交各类材料等。必须承认，这些项目有很多对学校的办学规范及发展是有必要的，但其中也有不少是教学之外的非必要事务，过多的此类事务不仅干扰了学校正常的教学秩序，也在某种程度上制约了学校的发展空间。在很多地方依然用高考（中考）成绩作为评价一所学校办学质量的最主要指标（甚至是唯一指标），这让不少学校背上升学的沉重包袱，也让很多学校在特色化、个性化办学的道路上步履维艰。但我们可喜地看到，一些教育主管部门主动有为，为教育的发展积极思考，开展各种有益的探索，并取得了丰硕的成果。比如在山东省，虽然也和全国一样，每年也有高考和中考，但他们对学校以及教师的考核与评价与很多省市不同，他们有自己的评价标准和体系。他们不但严格执行"不准许各级教育行政部门以高考、中考成绩给学校和教师排队"的规定，而且有着严格的处罚和惩戒措施，他们在推进素质教育和课堂教学改革中，全省统一步调，齐头并进，形成了强大的声势和良好的氛围。这样的教育环境有利于激发学校开展课堂教学研究的积极性，有利于推动课堂教学改革不断取得新的成果。由此可见，只有对学校的评价机制进行改革，才能促进学校真正焕发生机与活力。

此外，有很多地区还积极改革办学体制（如集团化、集群化、学区化办学等）、大力推进教育信息化发展等，这些都是非常有益的教育改革举措。

第二章

问题导向下的课堂教学任务：
一些责任与使命

问题导向下的课堂教学改革以新一轮国家课程改革的先进理念作为支撑，将课堂教学作为实现"人的发展"的主阵地，密切关注、科学评价教育行为与"人的发展"这一核心命题的关联。其在具体落实上将理念知识化、将知识问题化，以问题作为课堂教学的主线，以此导引课堂教学行为的有序实施。其在问题设置的逻辑性、层次性、可操作性及思维含量等方面都提出了极高的要求，需要在师生的共同培育下建立良好的课堂生态，从而实现让学生掌握知识、提升素养的目标。认清问题导向下的课堂教学的庐山真面目，需要厘清一些核心概念，在对核心概念的厘清过程中明晰问题导向下课堂教学的责任与使命。

一、"主体"与"主导"

（一）一般意义上的"主体"与"主导"

有关教学中的师生关系问题，古今中外论述颇多。孔子在《论语·述而》中有言："不愤不启，不悱不发，举一隅不以三隅反，则不复也。"这一论述对中国的历代教育产生了深远的影响，也有当代一些教育改革者将其奉为圭臬。但必须看到的是，孔子依然是在强调教师在教学中"导"的重要性，突出的是教师在教育中的主导地位。古希腊哲人苏格拉底倡导以"讥讽、助产、归纳、定义"为步骤的类似于产婆术的启发式教学对当代教育改革影响深远。但究其根本，他也是太过强调教师在教育中的导引功能。至于近代的赫尔巴特、巴格莱、斯宾塞等人，奉行知识是课程的中心的主张，虽在某些领域、某个特定的时期有其积极的意义和价值，对我国的教育改革产生了重要的影响，但与现代的教育理念相去甚远。长期以来，我国传统的教学受以上教育思想的影响，强调的是师道尊严、知识至上，忽视了人的发展和学生的体验、经验，这大大消解了学生的表达欲望，禁锢了学生心灵的自由。一言以蔽之，"教授—接受"的传统教学模式在我国根深蒂固、枝繁叶茂。

一般而言，教学过程是由教师、学生、教育内容三者有机地统一而成的三位一体的动态过程，在课堂教学中，教师往往处于引导、掌控、教授的主导地位，学生更多的是处于被引导、被掌控、被接受的主体地位。教育内容作为客观的资源媒介，在教学的过程中起到串联教师的教与学生的学之间的作用，是必不可少的教学要素。教师的"教"与学生的"学"构成整个教学过程。教学是一种师生双向的传输活动，缺了任何一方，教学活动都无法进行下去。当下的课堂教学往往处理不好"教"与"学"二者的关系，经常将二者割裂甚至对立起来。

在传统的课堂教学中，将"教"与"学"割裂甚至对立起来的常见现象主要有两种：一种现象是过分强调教师的主导功能，采用"一星为主，众星环绕"的相机传授模式，教师在课堂上具有绝对的话语权与裁决权，教师既是知识的教授者，又是学生学科能力的评判者。在这种课堂模式下，教师的主导地位牢不可破，整个课堂由教师唱独角戏，整个舞台成了其尽情表演的场所；学生的主体地位无从发挥。另一种现象是过分强调学生的主体地位，过分夸大学生在课堂上的自主权，把很多不该给学生的时间也盲目地给了时间。这样的课堂教学往往因教师的缺位而杂乱无序，学生所获取的知识过于碎片化而难成体系。这种课堂往往看似热闹，实则拖沓低效；看似学生积极参与，实则事倍功半。

（二）问题导向下的课堂教学的"主体"与"主导"观

问题导向下的课堂教学要求正确处理教师的"主导"与学生的"主体"关系，主张在弘扬教师主导作用的同时，凸显学生的主体性，教师的主导是以学生的主体地位得以彰显的"主导"，学生的主体是在教师的主导之下有序实现的"主体"。教师在教学过程中的主导作用关键在于"导"，即引导、指导，这就如君子拈弓搭箭，虽跃跃欲试却引而不发。当然，教师要能清晰地认知，这种"导"不是全知全能式地包办一切，而是指教师在承担"传道授业解惑"的职责时，还应适时、适度地扮演好引领者、督促者、帮扶者的角色。这种"导"是在学生对问题做出充分的思考与探究之后的适时给予帮扶与指导。这种"导"是在教师精心研究之后进行的、以问题为线索来组织的统揽全局，也是对学生的课堂智慧生成包容与接纳。问题导向下的课堂教学要求教师对学生的"导"要做到指引有度、预设有方、提问有法。新课程标准指出，学生是语文学习的主体。语文学科的工具性决定了其对知识既追求了解、掌握，又追求应用创新和实实在在的效能。语文学科的人文性决定了语文教师必须转变传统包办婚姻式的教学方式，对待学生应以亦师亦友的关系；既要承担起解说员的角色，又要扮演好辅导员的职责；既要坚持"权力下放"，做到目中有人，又给予学生足够的人文关照。

问题导向下的课堂教学努力追求将教师的主导作用与学生的主体地位整体统一，以追求教学的最大效能。发扬学生主体地位是高效课堂得以营建的塔基，教师的主导作用是高效学习的润滑剂和助推器，二者相辅相成，共进共赢。新的课程理念要求将立德树人当作教育教学的核心任务，教学根本在于促进学生的成人成才。这决定了现代意义下的教学必须摒弃传统教学观的单纯地视学生为知识的接受者，而要在以"学为中心"的课堂教学实践中提升学生的学习素养，所有的教学内容与教学过程必须紧紧围绕这一中心展开，任何游离其外的教学都是无效的、不可取的。在这种课堂教学中教师的

"导"不能取代学生的"学",学生的"学"也离不开教师的"导",二者有机统一,互相促进,互相生成,共同达成教学目标。

(三)"主体"与"主导"需处理的几种关系

1."师者"与"学者"

要改变传统意义上的师生角色,首先,树立正确的师生观,牢固师生平等的意识。只有这样,教师在教学过程中才能最大限度地将自主权交还给学生,才能改变传统课堂中的"一言堂""满堂灌"等现象。教师要将学生视为一个个能动的、主动的、可作为的、有灵魂的、鲜活的独特生命个体,通过精心设计的问题导引学生在课堂中积极思考、认真探究,通过合作、展示、交流等方式不断提高,也在不断地学习成长中强化学生的主体意识与地位。教师在课堂上要用心呵护学生,帮助学生树立信心、主动发展。其次,营造出宽松、民主的课堂氛围。问题导向下的课堂教学努力追求基本范式下的课堂组织方式的多元化与个性化,努力创建多样化的合作学习,展示交流方式,促使学生积极参与、敢于发言、勇于质疑。在这种师生关系和谐有序、教师角色定位准确的课堂上,学生学习才能秩序井然,学习成效才能明显。二者在教学过程中相辅相成,既不矛盾,也不冲突,相得益彰。教师在课堂中尽可能亲近学生、聆听学生、肯定学生、平等对待学生,通过言行举止涵养学生,让学生得到足够的尊重,获得充分的主动权,整个教学过程在和谐的师生关系中彰显教学的平等和人文的关怀。

2."放手"与"动手"

问题导向下的课堂教学秉持平等的教育观念,主张大胆"放手",给学生积极"动手"的机会。凡是学生通过自己努力或同伴合作能解决的问题教师绝不越俎代庖。当然,"放手"是基于教师"主导"下的"放手",它有一定的"度"。我们希望学生能在教师的组织引导下全身心地进入学习,并使情绪、躯体共同进入忘我的学习状态。这种学习状态正如一支共同奏出美妙音符的合唱队,教师是乐队的指挥,他以指挥棒指挥整支乐队向着同一个目标演奏，紊而不乱。而学生就是乐队中形形色色的乐器，可以是小提琴，也可以是贝斯、吉他，各有各的旋律，各有各的精彩，共同谱写出一首美妙绝伦的乐曲。要处理好"放手"和"动手"二者的关系。首先，创设情境，唤醒主体。教师以亲和的人格魅力、大方的谈吐、流畅的语言、风趣的幽默来吸引学生全身心投入到课堂中。通过情境的创设唤醒学生主体。教师通过形式多样、丰富多彩的导入，引导学生迅速进入状态，以饱满的精神状态投入学习；教师通过精心的教学设计让学生在有序的状态下自主学习，点燃学生学习的激情。兴趣是最好的老师，受兴趣驱动，教学过程才能从"见闻为"的感性阶段过渡到"开心意"的理性阶段，学生就能知一通二，达左见右。其次，诱发体验。"朱子读书法"中有一条叫"切己体察"，就是体验的意思，即"现场经历"。伊瑟尔接受美学提出"召唤结构""期待视野"，均肯定了人这个主体通过想象能够对文学文本的意义"空白"以及"不确定性"进行创造性填补，主体视野的嬗变能够对文本进行再创造与历史的重构。教师在教学中必须关注学生的深刻体验，允许学生发表自己的个性思考。再次，平等对话。有问有答，有回有应，才叫对话；有言有语，有声有色，才叫课堂。因此，师生、生生之间的多重思维对话会迸发出巨大的火花。最后，知识迁移。根据同化、顺应原理，依据学生认知规律、思维逻辑的发展，在练习与实践的基础上，进行知识迁移，才能有所创新。

3. "评价"与"激励"

传统意义上的课堂教学评价往往是教师个体站在主观立场上对客体做出的价值判断，这种评价是一种教师持有绝对评价裁决权和决定权的单向评价。在这种评价体系下，教师拥有绝对的权威，其就如赛场上的裁判，说一不二；而学生只能被动接受，几乎没有话语权。新课程标准倡导改变课程评价，过分强调甄别与选拔的功能，强调要充分发挥评价促进学生发展、教师提高和改进教学实践的功能。问题导向下的课堂教学强调在教师的主导下实施积极、正面的评价,将评价与促进学生成长紧密结合起来。这种教学改变了以往过度强调目标管理的模式,而更多地关注教学过程。教师在课堂教学过程中通过表情、态度、话语以及提问、肯定、赞扬等,在潜移默化中将隐含的期待传递给学生,学生通过感知、共鸣及多方的努力,逐步将这种期待变为现实。教师在实施教育教学时将严格要求与尊重信任相结合,通过多元化主体、多样化方式的教学评价,让学生虚心听取别人的意见与建议,学生在不断地学习反省之中进一步明确自我的认识,提高自我的教育能力。

二、"讲堂"与"学堂"

新课程标准倡导自主、合作、探究的学习方式,强调让学生积极、主动地参与学习活动,注重获取知识的过程和方法,这是对传统课堂教学痛定思痛之后的纠偏,更是对未来社会人才培养需求的深情呼唤。在传统课堂教学中,教师处处不放心、时时不放手,唯恐自己讲得不到位,学生掌握得不准确,以为只要自己讲得越细、越多,学生就听得越明白,掌握得越准确。在这种教学模式下,一名有数年教龄的教师只需要用自己的经验就能轻松应对课堂教学,因此有不少教师在经历前几年的快速成长之后就会失去前进的动力,成长缓慢甚至停滞不前。更为可怕的是,这种教学模式下的课堂中,学生因失去话语权和主动权而被动学习,导致课堂教学成效低下,甚至学生成长活力的丧失。

问题导向下的课堂教学严格落实新课程标准的要求,强调教师要把学习的主动权还给学生,尽可能地做好教学的组织者和引导者,努力让学生的学习活动积极、高效,良性循环。这需要教师转变观念,变教师的"讲堂"为学生学习的"学堂",把课堂教学以教师的"教"为主变为以学生的"学"为主,努力搭建师生学习共同体,真正实现教学相长。

(一)"度""量"与"序"

新课程标准以其先进的教育理念给传统的课堂教学模式带来了强烈

的冲击，它最大限度地给教师提供了创造的空间和发展的机遇，同时也对教师提出了更高的要求。教师不再是单纯的知识传授者，而是学生学习的促进者和学生学习活动的组织者、激励者和参与者。教师要放下架子，与学生平等相处，为学生的自主学习搭建平台，使学生乐于参与、勤于探究。

问题导向下的课堂教学中，教师要处理好以下三重关系。

1. 参与的度

前面已经讲到，教师在课堂教学中要扮演好引导者、组织者的角色，要在课堂教学中突出学生的主体地位，凡是学生能通过自己的努力（如查字典）或与同伴合作（如互相检测背诵）等方式能解决的问题，教师要大胆放手、乐见其成，哪怕会因此拖慢一些教学进度，也要耐心等待。事实上，教学在很多时候并不在于学生学了多少，关键在于学生掌握了多少、内化了多少。教师在这样的情景之下如果还"积极参与"，那只能是良好学习氛围的破坏者。

2. 参与的量

充分尊重学生学习自主权，决定了教师不能在课堂上大包大揽、事事亲为，但也并不等于事事交给学生去完成，更不等于教师的不作为。正确的做法应是教师在课前要精心设计教学的内容、进度等，课堂积极引导、组织学生学习，使学生有序开展自主学习。同时，教师要加强巡视，及时发现学生存在的问题及生成的智慧，待恰当的时机对学生存在的问题给予精要的点评，对学生生成的智慧给予悉心呵护。

3. 建立的序

要保证课堂教学的效果必须保证良好的课堂秩序，这是很多课改留下的宝贵财富。还有一些课堂，学生整堂课都在忙着"合作""交流""展示"，热闹非凡，这些课堂看似教学手段丰富多样、学生的自主权得到充分尊重，实则是学习形式重于内涵，学习处于浅表化状态。这种没有深度的学习决定了学习成效的上限，也决定了师生成长的空间。

（二）"鱼""渔"与"欲"

张文质先生曾言："你怎么知道你是为未来而教？所以重要的不是继承而是使儿童掌握，只有这样的再创造能力才是一个人所要获得的真正继承！"由此，我们不由会想到一连串问题：什么才是一个人所要获得的真正继承呢？我们该教给学生什么？怎么教才是为未来而教？才有利于学生的后续发展？这一连串问题的背后其实就是"鱼"与"渔"、"渔"与"欲"的问题。

1. "鱼"与"渔"

"鱼"与"渔"是一个老生常谈的问题，但又是一个不可回避的问题。问题导向下的课堂教学秉持新课程理念，其核心是通过教师的教让学生掌握学习的技能、激起学习的浓烈兴趣，进而建立起学习的模型，实现自主学习与终身学习。

说到"鱼"和"渔"的关系，大家自然会想到一句俗语"授人以鱼，不如授人以渔"。的确，在新时代的背景下，教师如果还是单纯地以知识传授作为自己的课堂教学策略，显然无法适应新的要求。新时代背景下，学生除了掌握必备的知识技能外，更重要的是通过学习提升自己的综合素养，从而更好地适应未来发展的需要。有一项调查显示：当今社会将近75%的从业人员都是在做与自己所学专业不对口或基本不对口的工作，而且从未来发展的趋势来看，越来越多的行业需要的不再是完全专业对口的专业型人才，而是具备良好综合素养的混合型人才。

当然，有人认为高考是所有学生都必须面对的一道坎，如果没有过硬的知识作为支撑，学生将无法应对高考。这种观点很大程度上是正确的，让更多的学生考上理想的大学依然是社会给予学校的最为重要的期待，一所教学质量低下、高考成绩惨不忍睹的学校肯定无法获得社会的认可。但我要说，知识传授应该成为教学的重要内容，但绝不可成为唯一内容，甚至是主要内容。在课堂教学中让学生掌握良好的学习方法，做到触类旁通、举一反三远比知识的教授重要。这正是问题导向下的课堂教学良好生态建立的关键所在。一堂课在教学设计中必须有更多的针对学生的学法指导，摒弃过多的知识罗列。只有让学生掌握了好的学习方法，其后续的学习才能真正得到保障。

2."渔"与"欲"

虽然"渔"在课堂教学中非常重要，但我们必须承认一个事实：很多时候我们用满腔的热情给学生传授好的学习方法，但学生不领情、不接受。面对这种情况，我们大多是暗自生气而又万般无奈。弗赖登塔尔认为："占有不再是一种状态，而是实现占有的连续性。教育就是引导这个过程，而不是好心地将礼物塞满人们的手和脑。"这段话的核心词是"引导"，它强调在教学过程中教师必须加强对学生的引导。即使教师出于一片"好心"，给的也是自以为沉甸甸的"礼物"，但也必须尊重学生个体的差异，而不能一厢情愿地"塞"给学生，毕竟，在课堂教学中最应优先考虑的应该是学生心灵的开放、自身的参与。换言之，即要在课堂教学中激起学生的"渔"与"欲"，使学习真正成为学生内心熊熊燃烧的烈焰，使学生对学习充满饥渴感。一旦激起了学生学习的内在动力，一切的外在资源就会成为其助力。一旦学生具有了学习的强烈欲望，他们就会自觉去寻得适合自己的学习方法。而这种自己寻求解决问题的意识与行为又在另一个侧面提升了学生与他人合作、交流，借助各种平台、工具寻找答案，梳理、提炼甚至反思重构的能力，可以说是全方位提升了学生的综合素养，而这种综合素养能使其受益终身。

真正高效的课堂教学必定是学生自主意识特别强烈的教学，教师在教学中非常重要的一项职责就是点燃和唤醒，通过多种策略与途径激发学生求知的欲望，通过在课堂中的激发和引导不断生成与创造。学生在课堂教学中能充分体现作为自由意志和人格尊严的、具体的、现实的个体而存在，他们在课堂中获得尊重，他们主动、积极地参与学习全过程，在自主、合作、探究中建构意识，实现真正的学习。要培养这种能力，首先要充分调动学生学习的积极性，让学生在学习过程中扮演参与者、讨论者和启动者的角色，让学生把学习当作自己的事。

三、"精彩"与"成就"

（一）谁的精彩

课堂教学在本质上是育人的一种途径，其通过适当的方式实现教育的目的。长期以来，我国的课堂教学采用的是教师主讲的方式，教师在备课、授课等教学的各个环节中彰显自己的主导地位，而很少顾及甚至完全不顾及学生的主体地位。在这种课堂教学模式下，教师的表达能力得到尽情的发挥，某些方面的素养得到极大的提高。可以说，这样的课堂教学首先是成就了教师。而对于学生来说，整堂课的活动被教师牵着鼻子走，很少有自己独立思考与自主学习的时间，更不用说自主成长了。在这种课堂教学模式下，学生因其自我的缺席很难获得真正有益的成长。

问题导向下的课堂教学倡导在课堂教学中突出学生的主体地位，教师更多地扮演教学的组织者与引导者。在这种课堂教学模式下，学生走进了课堂教学的中心，他们在课堂中有了独立思考的时间，有了更多的与同伴合作、交流、探究的机会，也有了表达与展示的舞台。教师的主导功能更多地体现为课堂教学中思考如何引导学生学、如何让学生学得更有成效，一切以学生的"学"和学生的成长为课堂教学设计的出发点。在课堂教学中，教师要注重学生的学习过程，既要关注课前预设的落实情况，还要密切关注学生在课堂教学中的智慧生成。在问题导向下的课堂教学模式下，教师必须提升自己课堂教学的设计能力与应变能力，要对学情有充分的了解，对学情的诊断必须科学，而且还要有应对问题的方法与策略。在这种情况下，教师必须静下心来细细研究学情，包括研究学生的身心特点、已有的知识储备与认知水平等，并将准确的学情作为自己课堂教学的起点；在这种情况下，教师还必须潜下心来认真进行专业阅读，借助"他山之石"解决自己教学中遇到的问题，并通过专业的阅读来开阔自己的专业视野、丰富自己的专业知识，进而提升自己的专业水平；在这种情况下，教师还要积极从事教学研究。教师的教学研究可以是提炼经验之后形成论文，也可以是科学系统的课题研究，但无论以何种方式，都对教师的专业成长是一种促进，对学校的教师专业发展是一剂良方。由此，我们可以说，问题导向下的课堂教学所促成的教师的这种研究与阅读既成就了学生，又精彩了教师，还让学校走上良性健康的专业发展道路，可谓一举三得。

（二）谁成就谁？

古人云："教学相长。"其意为教和学两方面互相影响和促进，都得到提高。此言说之容易，但得之实难。长期以来，我国的课堂教学因教学理念落后、教学方式传统单一等原因，教师成长缺乏动力，往往提升缓慢；学生缺乏成长的空间，难以快速成长。更有甚者，教师消极懈怠、慵懒成风；学生厌学为常、不思进取。可以说，这种模式下的教学既不成就教师，也不成就学生，甚至有可能造成师生两败俱伤的惨状。

问题导向下的课堂教学，教学目标发生改变，随之而来的是教学思维与教学策略等的改变。在这种课堂教学模式下，教师的一切教学行为必须围绕"学"（学生、学习）来展开，并以此为基础开展自己的教学研究、教学阅读、教学设计等。教师的专业素养得到提升，教师的教学能力亦随之发生正向改变；这种改变与提升受益的必然是学生，反映出来的就是学生的学科素养得到发展，成绩进一步提高。师生的成长最终又将使一所学校的办学质量发生改变，其将为社会提供更为优质的教学服务，从而获得社会的认可，而这种认可又必将使这所学校的师生获得更大的成长提升空间。可以说，问题导向下的课堂教学是全方位的成长，具有鲜活的生命力。

四、"倾听"与"表达"

一项调查显示，在日常生活中，人们与他人交往时所用的表达方式所占的比例分别为：口语表达占95%，体态表达占4%，书面表达和其他表达方式占1%。可见，口语表达是最主要、最重要的表达方式。作为现代公民必备的能力，口语交际能力的发展与提升理应作为学校教学的重要任务，但对于绝大多数普通高中而言，要在教学中开设专门的口语交际课程并不切合实际，其更多的还是要借助课堂教学这一平台来进行发展与培养。一般而言，口语交际能力的培养与发展是指在专门创设的模拟日常生活交际情境中，在特定的交际目的驱动下，通过学生的参与，培养学生参与的目标意识、角色意识、对象意识、环境意识，以及驾驭规范、准确、生动的口语表达能力。其最核心在于让学生学会倾听、乐于表达，这也是问题导向下的课堂教学非常重要的课题。

（一）学会倾听

口语交际双向互动，不但要求说者会说，还要求听者会听。"学会倾听"有两层意思，一是要求听别人讲话要用心，要细心。"倾听"，即是细心听、用心听的意思，这也是一种礼貌，表示对说话者的尊重。第二层意思是要"会听"，要边听边想，思考说话者的话的意思，能记住说话者讲话的要点，到了高中阶段，还要能听出"话中话"来。心理学测试表明，人们通过听觉所获取的知识占全部知识的80%以上。但我们必须承认，在当下的环境下，要让学生学会倾听还真不是一件容易的事情，作为一名教师，我们应该在课堂教学中想方设法地让学生"学会倾听"。

1. 规范要求，有序倾听

对于高中生来说，一个很重要的能力就是在遵守规则的前提下开展学习活动。问题导向下的课堂教学学生有很多表达与展示的机会，教师也会适时地进行指导与评价。如何保障这些活动真正发生效能，很重要的一个前提就是这些活动必须在有序的环境下开展。试想，如果台上学生发言时下面学生开小会，整个课堂各自为政，知识的交流如何能真正发生；如果学生在台上进行小组成果的展示，下面学生各忙各的，智慧的碰撞如何能够实现；如果教师在台上精心点评，下面的学生却熟视无睹，教师再优秀、点评再精当亦是枉然。因此，问题导向下的课堂教学要求建立良好的倾听机制，要求师生展示、发言时其他学生必须保持井然的秩序。这既是纪律的要求，更是师生之间在彼此尊重、理解、包容中共同成长的重要保证。

2. 创设情境，引导倾听

对于高一、高二学生来说，如果没有良好的外在刺激，难免有部分学生会出现学习动力不足的情况，容易感到课堂枯燥乏味，注意力容易分散，这很容易使"倾听"变成"无源之水"。因此必须顺应学生的心理，切合学生的生活实际，巧妙地创设各种有利于学生口语交际的情境，才能让学生在身心充分放松的良好状态下自然地倾听。情境的创设方法策略很多，每一位教师的教学特点各异，不可一概而论。有语言天赋的教师可以借助亲切自然、富有表现力的语言吸引学生的注意力，让学生产生倾听的欲望。善于借助现代教学手段的教师可多用直观画面创设出和谐、轻松的学习氛围，激发起学生学习的兴趣；还可利用生活再现、创设情境让学生置身于现实生活的场景中，吸引住学生的注意力，让学生在熟悉的生活情境中学会倾听。

3. 善变节奏，鼓励倾听

节奏原指音乐中交替出现的强弱、长短等现象，把它应用到课堂教学中，就是在课堂教学过程中的疏密相间、快慢结合、舒卷有致、动静相生、张弛有度等现象。良好的课堂教学节奏，不仅使课堂教学具有艺术性，而且能够很好地促进师生的和谐发展，从而提升课堂教学的效益，实现教育的目的。一名优秀的教师，他能够很好地在课堂教学中激发学生的主动意识和进取精神，选择恰当的教学方法，采用合理的教学策略，使课堂气氛张弛有度，自始至终吸引住学生的注意力，有启发性地激励学生积极的思维，全面地提升学生学习的能力，从而使教学目的在轻松愉悦的氛围中得以实现。对于不少学生来说，注意力不能持久专注，这无可厚非。因此，教师在课堂教学中要适时地改变教学节奏，通过教学方式的改变、语言的抑扬、评价机制的介入等策略将学生的注意力牢牢抓住。例如，在课堂教学中诵读与书写、讨论与展示、讲与练等适时的变化既可让学生保持高度的专注，也可在平铺式的语言中突然引入激励性的语言以鼓动学生，还可适时地树立典型达到激励学生学习的作用等。

4. 以身作则，示范倾听

教师是学生学习的一面最直接的镜子，要学生学会倾听，教师必须要自己先学会倾听。有些教师平时不注意自己的言行举止，在与学生交流或学生展示时，经常性地打断学生的讲话；或是对学生所说的话，有意无意地显露出不耐烦或是漠不关心的样子。长此以往，就有可能给学生造成一种负面影响，不经意间养成只顾自己、罔顾他人的思维习惯，甚至在内心中对老师、同学的发言进行排斥。因此，教师一定要在平时的课堂教学中严格要求自己，耐心、细心地听学生表达，即使是学生的发言不太合理，但只要是他认真思考的结果也要给予足够的尊重。一名优秀的教师，他的心态是包容的，他的课堂也必然是开放的。我经常对学生说："允许你们胡说八道，但必须自圆其说。"我想一名教师如果连自己都没有学会倾听，那他还有什么理由要求学生认真倾听呢？可见，教师在要求学生倾听的时候，一定不能忘了倾听学生内心的声音，因为这是一切教育有效的起点。

（二）乐于表达

表达是学生认识客观世界的一个窗口，学生通过这个窗口建立内心与外界的联系，也从表达中开启认知的心窗。一旦这扇窗开启，学生的身心将得到极大的发展；相反，如果这扇窗紧紧闭上，那学生的内心将是一片漆黑。由此可见，让学生在学习中敢于表达、学会表达、乐于表达是多么重要。新课程标准指出："口语交际是听与说双方的互动过程。"学生只有在动态的双向或多向互动活动中，才能提高语言的表达能力。由此可见，一个人仅仅学会倾听还远远不够，还得在倾听的基础上学会表达，甚至是乐于表达。那么，怎样才能让学生学会表达，乐于表达呢？我以为可通过以下几条途径进行。

1. 情境激发表达

新课程标准指出："教学活动应该主要在具体的交际情境中进行。""学生进入情境,宛如在实际生活之中,能自然而然地进行交际。"作为一名教师,在课堂教学中要努力为学生创设交际的情境,通过实物展示、语言描述、媒体播放、角色扮演等方式,使学生在身临其境的感受中产生强烈的表达欲望,体验到表达带来的愉悦,从而将表达变成自己的自觉行为。当然,基于课堂教学的时空限制,教师还应鼓励学生融入生活,在生活的体验中学会准确地、得体地表达;教师还可以用课堂教学任务延伸的方式,具体要求,科学指导学生用合理的方式展示生活体验。如此,既让学生有了语言交际的内容,又培养了学生善于观察生活、体验生活、思考生活、提炼生活的好品质,还提高了学生与人交流的能力,可谓是一举多得。

2. 互动强化表达

语言交际是一种双向,甚至多向互动的言语活动。新课程标准指出:"口语交际是听与说双方的互动过程。"学生只有在动态的双向或多向互动活动中,才能提高语言表达能力。在问题导向下的课堂教学中,教师要以问题为导向撬动学生思维,激发学生参与学习的热情,让学生在听、说、写、思、做等教学活动中做到师生互动、生生互动、群体互动。更要营造出良好的气氛,使学生在互动交流中,互相促进,共同提高。并通过小组与小组之间的辩论、表演、比赛,激发学生语言交际的积极性,培养竞争意识和合作精神。

3. 评价促进表达

问题导向下的课堂教学必须有良好的评价机制作为运行的保障,在评价机制的实施过程中教师必然会用到对学生进行行为规范与约束的一些条例,反映在语言上就是对学生的严肃性、批评性的评价用语。但我们主张让课堂在紧张严肃中更有活力,在理性客观的评价中让学生获得更多前行的力量。因此,要求教师在课堂教学中要善用激励性用语,并以此来引导学生主动参与学习,使学生乐于表达。当学生在课堂学习中出现闪光点,教师一定要及时抓住,并以恰当的语言让学生获得成功的体验,从而激发起其敢说、愿说、乐说的强烈欲望。在语言交际中，学生由于生活经验、性格特征、心理素质、成长环境等诸多方面存在差异，学生的语言表达能力可能千差万别，有的学生出口成章，说得有条有理；而有的学生可能吞吞吐吐，表达得杂乱无章，甚至语无伦次。面对此种情景，教师应根据学生的差异，区别对待，既要有冷静客观的分析，给学生科学合理的建议，让学生理性审视自己的优点与不足，从而更加明晰前行的方向。又要以包容的心态悦纳学生，努力找出其亮点，给予其鼓励，让学生体验到表达的乐趣，从而养成良好的表达习惯。

五、"评价"与"评析"

（一）善用"评价"

评价是汉语词语，意思是对事件或人物进行判断、分析后的结论。课堂教学评价则是依据一定的标准对师生教与学的行为进行分析，并在分析的基础上作出判断的教学策略。问题导向下的课堂教学要借助积极的评价机制，学校层面的评价机制从宏观上评价师生的"教""学"行为及其产生的教学效果，并以此作为工作策略调整与否的依据。该层面的机制的科学与否直接影响甚至决定教师参与课堂教学改革与研究的情感与态度，也在某种程度上决定了学校课堂教学的生态建设。因此，问题导向下的课堂教学的推进过程必须有相应的、尽可能科学的评价机制作为保障。一般而言，质性评价与量性评价要互为补充，终端评价与过程评价要相互结合，如此的评价机制方可视为是科学合理的评价机制。

班级层面的评价则更多的是教师对学生的学习行为进行的评价，该评价基于学生的学习行为，又作用于学生的学习行为。在一个评价机制运行良好的班级，学生的学习行为井然有序，师生的身心愉悦，学习成效显著。但在一个评价机制运行艰涩的班级，教师就有可能滥用评价手段，最为常见的就是教师在评价中介入过多的情感因素，致使学生迷茫彷徨、不知所措。但即使是一个评价机制运行良好的班级，也往往因其刚性的存在而让一些学生心生疑虑，甚至出现消极懈怠的情绪。

（二）科学"评析"

评析指分析、评论。分析是把一件事情、一种现象、一个概念分成较简单的组成部分，找出这些部分的本质属性和彼此之间的关系；评论是针对具体普遍意义的事件和迫切需要解决的问题发议论、讲道理。由此可见，评析是在对某一事物、现象、概念进行理性客观的判断之后做出的评论。在课堂教学中我们提倡让教师的评价能尽可能给学生带来积极正面的导向作用，但也强调评价必须建立在一个前提——尊重事实基础上的理性客观，而不能罔顾事实，胡乱评价。问题导向下的课堂教学以"学"（学生、学习）为中心，其核心在于促进学生的身心发展。教师作为课堂教学的主导者，必须肩负起为国家的未来育人的重任，要在课堂教学中教会学生（特别是高中生）建立起思维的逻辑，用联系的方法去思考前因后果，以理性的姿态去审视问题，以客观的语言去分析事理。因此，问题导向下的课堂教学要求教师要有理性审视学生学习行为的意识，要掌握客观分析事理关联的能力，即要先"析"而后"评"。切不可在评价中过多地介入个人的情感因素，要努力做到让评价理性而客观、科学而有序。

六、"告知"与"求知"

告知指告诉某人或某个组织使其知道某件事情。其反映在课堂教学中就是教师将知识或答案直接呈现给学生，或是在同伴合作学习过程中，一方将结果直接告知未做深入探究思考的同学。这两种方式无论哪一种都让某些学生轻易地获取了结果。

学习曲线图（图2-1）。

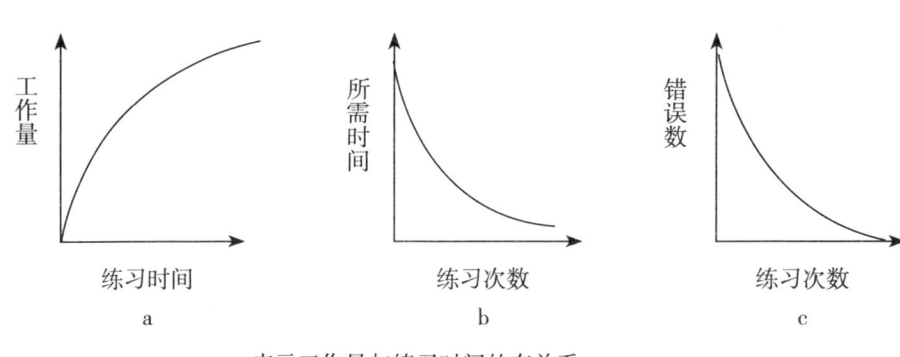

a表示工作量与练习时间的有关系；
b表示每次练习所需时间与练习次数的关系；
c表示每次练习的错误数与练习次数的关系。

图2-1

从图2-1曲线图中我们可以清晰地看到，学习会因时间、次数的变化而产生不同的效果。学习成效的取得必须以练习时间的投入、练习次数的保证作为前提，任何希求"不劳而获"的愿望在科学面前都是经不起推敲与考验的。因而，在课堂教学中如果只是直接告知学生结果，可能会让学生有短暂的"获得感"，但这种"获得感"将会很快消失，因为这是"不劳而获"。

求知有两层意思：一是探求知识，谓希求被人了解之意；二是对知识的作用及历史上人们对知识的看法进行一一查找，即通过主观能动性去探求知识。"求知"在课堂教学中显然是指后一层意思。探求知识是对未知知识的思考与探索，作为一名学生，或者说是想要获取知识的人来说，必须要抱有一颗对未知知识的探索之心。古往今来，有很多"好学生"和"差学生"，这里面的"好"和"差"真是智商上的好与坏、强与弱吗？其实不然。相关专家学者研究证明，大多数人智商的差别是微乎其微，甚至是可以忽略不计的，真正形成"好""差"学生的原因，从根本上来说就是"求知欲"的强弱。一般来说，求知欲强的学生学习力会明显高于求知欲弱的学生，这就是造成成绩差异的主要原因。

学生作为课堂教学的主体，想要真正成为学习的主人，就必须学会在课堂教学中成为知识的探求者；教师作为课堂教学的主导者，想要真正实现教学的目标，就必须通过各种教学策略激发学生的学习欲望，点燃学生的学习激情，使其参与学习，养成主动探求、获取知识的良好习惯。按照学习金字塔（图2-2），传统的以讲授为主的课堂教学方式显然是最为费时和低效的，而通过讨论、实践和向其他人教授、对所学内容的立即运用等现代教学方式、策略手段显然更为高效。问题导向下的课堂教学要求教师综合运用多种教学手段，尤其是通过小组合作、讨论交流及上台展示等方式，让学生更为持久地处于高效学习的状态之中。更为重要的是学生能通过教师搭建的平台获得主动探索未知的机会，让自己的智慧和思维在与他人的碰撞中快速成长，并以此为基础，逐步养成良好的学习习惯，使自己受益终生。

学习方式	类型	学习内容平均留存率
被动学习	听讲（Lecture）	5%
	阅读（Reading）	10%
	视听（Audiovisual）	20%
	演示（Demonstration）	30%
主动学习	讨论（Discussion）	50%
	实践（Practice Doing）	75%
	教授给他人（Teach Others）	90%

图2-2

七、"模式"与"模式化"

（一）"模式"的作用

教学模式指课堂教学中遵循教学规律之下的一定教学范式。例如课堂导入需要依循一定的策略方能达到快速抓住学生、调动学生的效果；又如在学生学习过程中需要以个体自学、小组合作学习的一定范式来组织方能做到高效、有序。如果一所学校能够有优质高效的课堂教学模式，既能使这所学校的教研活动更为有序地组织，又能使非成熟教师快速成长，还能使这所学校在短期内快速取得显著的教学成效。

提倡课堂教学模式，原因之一在于在学校推进课堂教学改革之初，往往是因为学校的课堂观念传统、理念落后、教学方式单一，要建立新的课堂教学秩序，必须经历阵痛，这种阵痛是由规则和束缚所带来的，这就要求我们首先在课堂教学改革中建立模式，以模式来承载新课程理念，并使其在落实过程中逐渐内化于心，外显于形。之所以提倡课堂教学模式，还在于课堂教学改革往往是一所学校发展的重要突破口，做好这项工作必须充分动员，使全校上下达成共识。既需要清晰地告诉教师要改革教学模式，又要告诉教师如何进行课堂教学模式改革，为教师提供清晰的范式，让教师知道基本的操作流程，这就是平常所说的要想无招必先有招。在课堂教学改革过程中会开展一系列的培训（如关于小组建设及学案编写的培训、课堂范式的培训等），会出台与课改相配套的各种方案（如《备课制度》《听、评课制度》等），开展各种学科技能竞赛（如教学设计大赛、课堂教学比武大赛等）及展示活动（如课改示范课、骨干教师示范课、校际交流课等）等，这些活动作为示范性的课堂教学改革成果展示活动，在开始阶段都要求落实比较清晰的课堂教学模式。实践证明，唯有先推广教学模式，方能使课改真正落地。如果没有一定的课堂教学模式，课堂教学改革很容易流于口号与形式。毋庸置疑，在课堂教学改革的推进之初，学校应要求全校教师严格按照以先进理念作为支撑的教学模式落实课改。这种严格的要求能很迅速地规范全校教师的课堂教学行为，也能很快使全校的教学资料（如导学案、教案）变得整齐，更能很好地使广大教师在规范的教学行为中认知教育理念、转变教学方式、丰富教学策略。在优质高效的课堂教学模式下，教师的教学能力能得到较快提高，原来在传统的学习方式浸染下的学生的学习方式迅速转变，教学成绩也往往会因先进教学理念的落地而得到较大的提升。

（二）"模式"不等于"模式化"

提倡课堂教学模式，并不等于提倡课堂教学模式化。课堂教学模式化，指在课堂教学中不分学科、不分课堂类型，完全按照一成不变的模式来组织教学却不加变通。课堂一旦陷入模式化，则会不可避免地违背课堂教学规律，使课堂教学中的师生都失去主动性和积极性，从而最终损害课堂的生态。真正的高效课堂应是在充分遵循教学规律的基础上，以一定的范式来落实课堂教学理念，以一定的模式来实现知识、能力与素养的落地。但又在此基础上充分调动教师的能动性，让不同学科、不同类型的课堂有一定的弹性与变通，从而使课堂达到范式与变式、共性与个性的完美结合。

下面是问题导向下的两种课堂教学模式（图2-3、图2-4）。

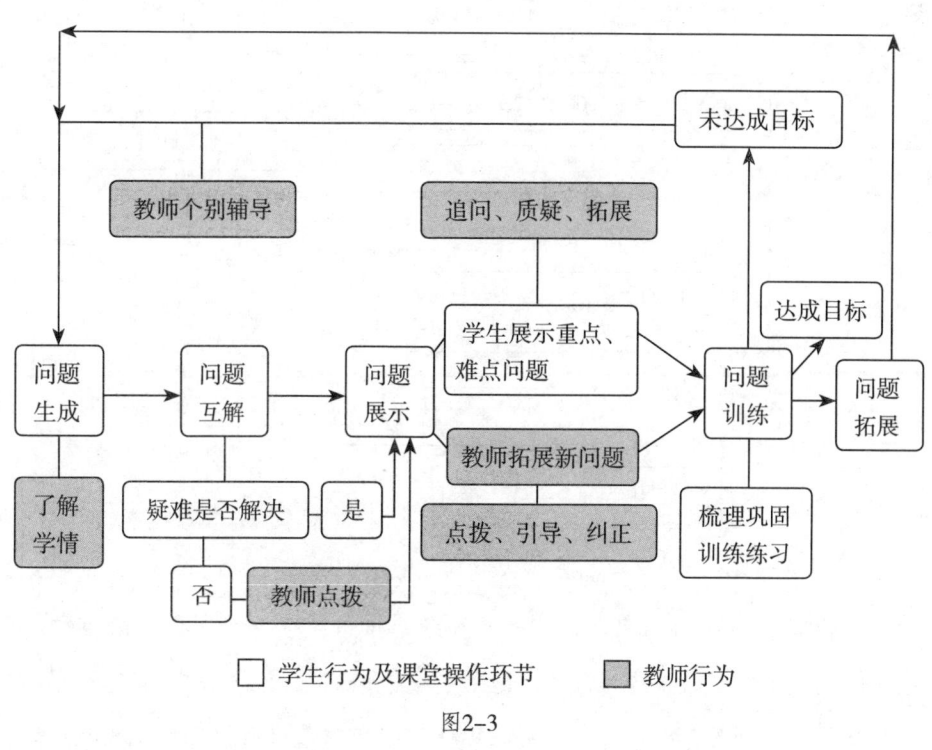

图2-3

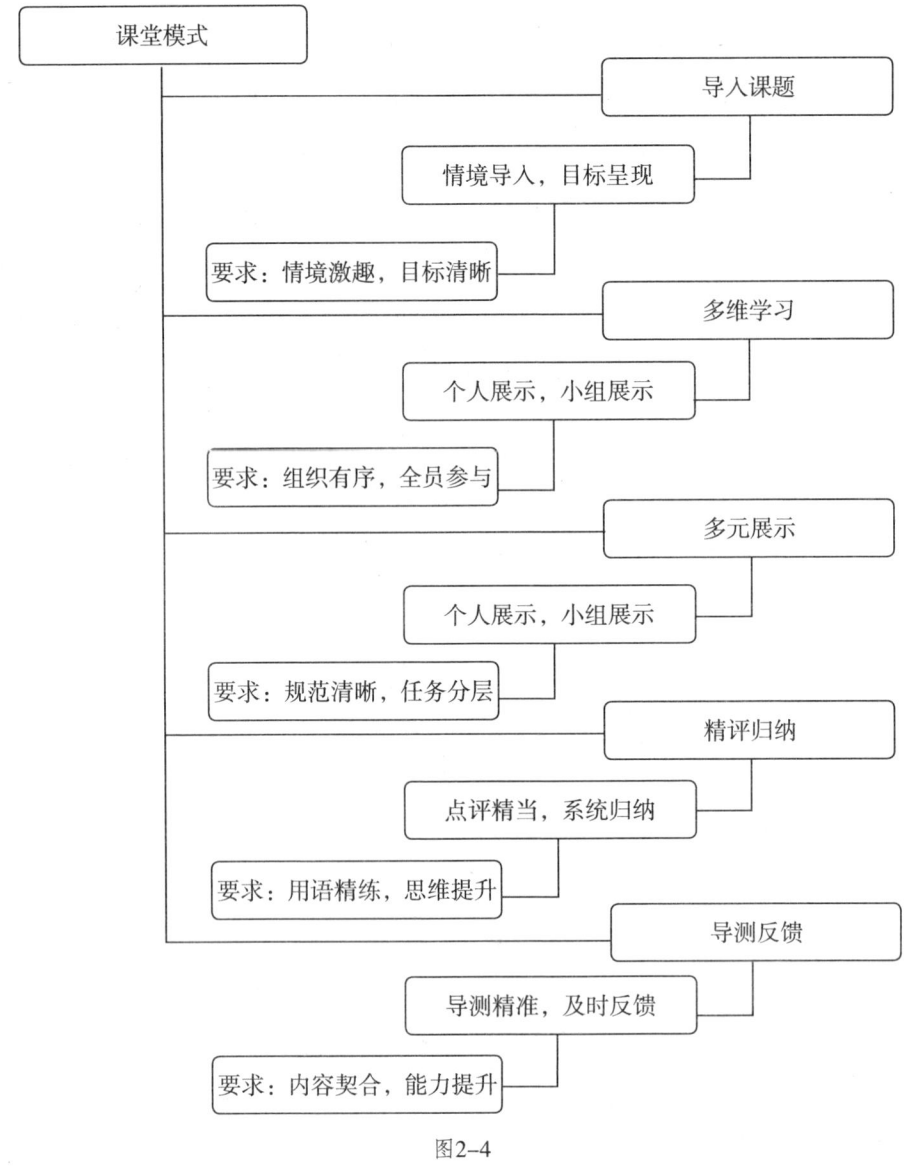

图2-4

毋庸置疑，这两种课堂教学模式在改革推进之初起到了极大的推动作用，但当课堂教学改革进入深水区之后，它们恰恰又成了一种阻隔与障碍。因为学段、课型等存在差异，用一种模式一以贯之地进行整齐划一的课堂教学行为规范，难免出现诸多的弊端。例如分多个课时的同一教学单元的导入在具体的每个课时的导入就可能会有很大的差异，在第一课时要将导入的重心放在对学生的兴趣的激发与调动上，而到了第二、三课时则应将更多的导入放在对知识的回顾与展望上。新授课在导入上可能更要注重学生情绪的调动，而在复习课中则可能要考虑将学生带入客观理性的氛围之中。在"学"的过程中一般包含"独学—对学—群学"等环节，但很多具体的课型（如讲评课）则可能更多地采用"独自对答案—小组群体讨论"等方式进行，"对学"环节则很可能删去。在"测"这一环节，也并不是每一节课都必须测，尤其是在新授课中，一般要在一个完整的教学单元教授完毕后才安排检测，如果每一节课都安排检测，则可能将单元教学的完整性割裂开。因此，问题导向下的课堂教学在推进前期会提供一定的课堂范式，但随着课堂教学改革的推进，这些流程也会随着课型的变化、教学内容的变化、教师的个性化需要等做出相应的变化，这也是这种课堂教学的魅力与生命力所在。另外，问题导向下的课堂教学也要根据学段的差异而有所侧重。高一年级要考虑到学生的来向差异，需要尽快让学生熟悉学校的课堂教学模式，因此会在班级的小组规范建设及导学案编写的流程规范这两大方面提出严格的范式要求，更多的是对师生的"教""学"行为进行规范；到了高二年级则会根据学生的发展状况，要求全面深入推进，从小组的运行秩序、展示规范，导学案的设计层次、思维含量等方面提出了更高的要求，在这个阶段依然需要共性的约束，但也鼓励个性的创造；而到了高三年级则又根据复习课及讲评课的特点，在强化落实学校课堂教学改革基本理念的基础上，有针对性地出台一轮、二轮甚至三轮课堂教学实施方案，这个方案对课堂教学的模式不一定要求很严格，而是要求学科组根据本学科的特点与实际，制定更加务实而多维的备考方略，突出教师个体在共性基础上的三次个性备课，要考虑教师所教班级的层次差异、学情变化，在此基础上有针对性地采取灵活多变的课堂教学策略，追求最大的课堂教学实效。总的来说，问题导向下的课堂教学需要一定的教学模式，但又不僵化；它遵从共性，但也不湮没个性；有框定，但不失机变。在实际开展过程中强调针对性，追求实效。

第三章

问题导向下的课堂教学策略：两大"抓手"及建设

问题导向下的课堂教学立足于"小组建设"和"学案导学"两大"抓手"，二者互促共进，缺一不可。良好的小组建设是课堂教学秩序得到保证的前提，学案导学则是课堂教学的具体实施。

一、小组建设

（一）小组组建的依据

《普通高中课程方案（2017年版2020年修订）》要求大力推进教学改革，要"关注学生学习过程，创设与生活关联的、任务导向的真实情境，促进学生自主、合作、探究地学习，注重对学生学习过程的评价"。要想在课堂上有效地开展自主、合作、探究学习，就必须改变传统的由教师在课堂上唱"独角戏"的课堂教学模式，需要充分调动全体学生的主体性、积极性、主动性，需要划分出一个个相对完整而又独立的学习小组，使学习发生在小组中，使改变、提升发生在同伴的互相督促中。要想使学习过程得到有效的评价，单纯用传统的成绩评价法显然会有失公允，单纯由教师来完成评价也自不可行，它需要班级全体学生共同参与，需要在一个个的学习小组内部成员的共同努力与鞭策中完成评价。所以，大力推进小组合作学习是在新课程理念指引下的建设高效课堂学习的最基本学习形式，小组是有效开展学习活动的基本学习单元。小组的良好建设能很好地发挥学生的主体作用，在合作、竞争中激发学生学习的热情，使学生在互相促进中共同提高。不仅如此，在新的时代背景下，班级学习小组的划分与建设还有着促进学业发展之外的其他作用，如对学生的合作意识、钻研精神的塑造与培养，对学生良好的心理素质的培养。可以说，小组合作学习是决定问题导向下的高效课堂实施成败的关键。

（二）小组的组建

1. 小组组建原则

小组组建的原则用12个字来说是"组间同质，组内异质，优势互补"。"组间同质"指在一定范围（班级）内划分的各小组在学习成绩平均水平、综合认知水平、管理整体水准、性别比例等方面基本相当，这是对小组进行有效建设与科学评价的重要前提。"组内异质"指同一小组内各成员在学业成绩、认知水平、性格特点、管理能力、学习习惯等各方面存在差异，这是一个小组得以充满活力地发展的重要依据。"优势互补"指一个小组内各成员之间的学业水平、管理能力、性格差异等互补互促；各小组之间通过一定阶段的发展之后互促互推，从而实现整体良性发展。这里特别要提醒的是划分小组不能单纯以学业成绩作为唯一依据，而应综合考虑学生的各方特征。小组的划分也不能由班主任决定，而应由班干部、班主任共同商定。如果是一个新接手的班，师生之间尚不熟悉，可先初步划分小组，但应在熟悉后及时做出调整，最终实现小组的最佳组合。

2. 小组的规模

一般而言，一个学习小组以4人左右为最佳，但考虑到当下的中学基本上还是实施大班教学，一个班的学生人数一般在45人左右，如果以4人为单位分组，则意味着一个班可能要分十几个组，这对小组的有序管理、科学评价等各方面都会带来很大的挑战。所以在大班教学的背景下，一个小组可由6~8人组成，但在小组内部可再分为由3~4人组成的小小组，在小组内部再形成两个同质的竞争小组，从而促进小组内部的建设。

3. 组长的确定

组长是一个小组的组织者，更是一个小组的灵魂，一个优秀的小组需要一个优秀的组长，所以确定小组的组长需要慎之又慎。小组长的确定可以考量多个因素，如学业成绩、性格特点、工作能力等，但最佳的人选应该是这个小组中综合能力最强的、最受小组成员认可的学生。这需要教师的引导，更需要小组成员们的共同推选。在确定小组长后，每个组还可设学习组长及纪律组长各一名，两人分别负责小组的学业建设及纪律管理。每个小组内部必须设立学科小组长，负责小组内部各个学科的作业收缴、作业评价等，为推动小组的均衡发展，组内的每一个学生在小组中至少担任一个职务。总体而言，小组内部的各成员应在组长的领导下分工明确，职责分明，彼此互促共进。

（三）小组文化建设

一个优秀的学习小组会有很多的考量标准，如学业成绩的突出、成员心态的阳光、团队协作的和谐等，要达成这些目标，需要小组的所有成员齐心协力。小组的文化建设看似抽象，也不能短期见到显著成效，所以很多教师望而却步。但一个小组之所以优秀，恰恰在于小组文化建设铸造了全体成员的价值追求，培养了小组成员的认同感、归属感、责任心和团队精神。

小组的文化建设，分为显性文化和隐性文化。显性文化包括组名、组徽、口号、组规等，其需要文字化、纸质化，这些显性的文化需要上桌、上墙，通过经意或不经意的视觉影响逐渐内化于心，外化于行。隐性文化重在打造小组的核心竞争力，它往往是显性文化的凝练、内化，通过不断强化，在耳濡目染中形成小组全体成员的共同愿景与追求。

一般而言，一个小组的外显文化应呈现出组名、组长、组员、小组口号、组训、目标、实现途径等，这些内容以外显文字的形式张贴于班级文化墙，接受全班同学的共同监督。因此，其必须凝聚小组全体成员的共同智慧，呈现出来必须规范、理性、严肃（如组名充满正能量、小组口号必须响亮等）。例如有的小组取名为"天天向上组"，口号定为"荣誉来自努力，进步来自勤奋！相信自己，永不言弃！每天进步一小步，日积月累跨大步！"，目标定为"我们要成为一个充满热情、拥有友情、努力向上、成绩优异的小组，争取每人都提高，让每个人全面发展"。这样的小组文化就给人以庄重严肃而又不失积极阳光的感觉，很容易催人奋进。相反，有的小组取名为"佛组""无名小组""帅过吴彦组"等，这既不规范，也不严肃，很难以此来凝聚小组成员，更无以达成小组愿景与目标。

鉴于小组文化对小组建设的重要性，各层面必须对小组的文化建设积极引导，严格把关。级组要做好相关培训，要对班级文化（尤其是显性文化）密切关注，对不合格的勒令整改；班主任则要一一指导，严格检查，对不符合要求的提出修改建议。切不可随意放手，不闻不问，任由学生自由发挥。

（四）组规的制定

俗话说无规矩不成方圆，一个学习小组要想获得良好的发展，必须要有制度作为保障，所以在小组组建之后，要立刻着手制定小组组规。其制定的原则为"尊重学生意愿，自行制定，自行实施"。基于中学生的身心发展特点，在小组组规制定中，教师（特别是班主任）要把握好参与的度，既不可越俎代庖，也不可隔岸观火。如果越俎代庖，强行将教师的意愿加之于学生，则不能很好地反映学生的意愿，容易导致学生的疏离甚至抗拒；如果隔岸观火，完全放手让学生去制定，则难免出现考虑不周全、设计不科学，甚至与政策法规相违背（如违纪则罚钱）的问题。所以，小组组规的制定过程应交由小组内部完成，小组成员在组长的组织下进行充分的讨论，形成初稿；在此基础上，再交给班主任或科任老师，听取他们的意见和修改建议，最终形成定稿。

组规一经制定，则小组内部全体成员必须严格执行，小组成员在组长的统筹下各司其职，互相配合，分工合作。与此同时，班委、班主任要做好监督，避免执行偏离、有制度不执行的情况出现。

（五）小组的培训

小组组建之初小组成员之间往往还不太熟悉，一个小组组建之后需要通过统一的培训来规范彼此的言行，以使小组尽快步入正轨，如果小组仅有组规，而没有相应的培训配套到位，那么很难确保小组良好运行，在某种程度上来说，小组培训是否到位直接决定小组建设的成败，因此班主任、年级组要对小组建设给予足够的重视，适时组织培训。

小组的培训分为两个层面：组长层面和组员层面。

1. 组长层面的培训

组长层面的培训主要完成以下任务。

（1）明确组长的职责。

一般来说，组长的职责应包含以下几方面：

① 了解组内同学的思想动态，融洽同学之间的关系，打造团结向上、勤于钻研、积极进取的团队。

② 在组内同学自主学习、分层讨论和展示等时，做好分工、明晰责任，确保每一个学习时间段的学习活动有序进行。

③ 维持好组内同学的课堂学习及自主学习时间的秩序，保证小组的学习效率。

④ 及时、科学地分配学习任务，督促组内的同学保质保量地完成学习任务。

⑤ 及时总结并反思小组建设中的问题，组织组内同学开展每周一次（每小组应有固定的时间）的小组活动，研究解决存在的问题。

（2）定期召开小组长会议。

在小组长会议中要集中解决以下问题：

① 了解各小组发展状况，给予发展良好的小组表扬与激励，对存在的问题及时分析原因，给出改进的意见和建议，提出期许的目标和进程。

② 给予各位小组长关怀、温暖和信心，提出努力的方向。适度地给小组长加"餐"，对其学习、管理、资源、空间等方面给予倾斜和"照顾"。

③ 组织小组长就班级发展及学生发展中存在的问题进行讨论，商讨对策，让其在智慧的碰撞中茁壮成长。

2. 组员层面的培训

组员层面的培训要达成以下目标。

（1）统一思想认识。

组织学生学习课改的相关精神，强调高中学生在学习方式上的重要变化，统一全班学生对小组合作学习的认识，从而消除学生的疑虑。

（2）规范全体成员行为。

首先要组织全班学生学习班级评价机制，并通过考试等方式让全班学生熟悉班规班纪；其次要定期（一般要求每天一反馈、每周一总结、每月一评价）公布对各小组的评价结果，提出整改要求。还要对全班学生的自学、互动、展示、质疑、评价等学习行为及其他各时间点的行为提出具体的要求，并以此来规范全体成员的行为。

（3）大力开展集体主义教育和团队精神教育。

集体主义和团队精神教育除在各种场合强调要求外，更重要的是通过活动的方式来强化。例如，可让各小组以轮流组织主题班会的方式让各小组分工合作，有序协调，从而增进组员之间的友谊，强化组员的集体主义观念；也可通过小组之间开展学业、量化等方面的竞赛活动，使小组成员在竞争中学会团结，认识到共同成长的重要性和必要性等。

（4）将教育面向整体。

要避免优质资源只面向班级部分学生，小组合作机制下的学习要充分规避"木桶理论"。要尽可能给潜能生更多的展示机会，只有激发潜能，才能使创造无限可能；要避免有学生游离于小组之外，真正使小组起到全员约束，全员共同进步的作用；要努力让成绩较差、性格内向、自信心不足的学生获得发言的机会，使小组每一名成员都尽可能获得充分发展。

（5）加强互助意识培养。

要让优秀学生明白，帮助别人的过程更是自己提升的过程；要让学困生明白，只有不断地成长才能使自己变得更有竞争力，自己所在的小组才能更加优秀，自己的成长和集体的发展息息相关，任何人都不能置身事外。

（六）小组的运行

1. 班级评价机制的制定

班级评价机制和小组内部的运行机的制定一样，也应由师生共同商定，切不可教师（尤其是班主任）全包全揽。一般而言，班级评价机制的制定要遵循以下流程：学生代表提出意见，形成初稿—班主任召开班委会，引导论证—召开主题班会，明晰问题—各小组讨论，小组代表汇总修改意见—重新表决审定，形成定稿。在这个过程中由学生把控，具有充分的民情基础。同时，其制定是一个渐进的过程，学生有充分的时间去学习借鉴与讨论交流，这能更大程度地保证班级评价机制的科学性。同时，教师（班主任）适时参与，进行科学的指导，更能保证班级评价机制的法理与水准。

2. 班级评价机制的运行

班级评价机制一经制定，其即应成为班级全体成员（包括教师）的行为准则，班级的任何人都不能游离其外，一经触碰即应接受相应的处罚，要坚决避免"破窗效应"。

当然，考虑到高中学生的身心特点及学业要求，班级评价机制不能将评价制定得太过繁杂，应奉行简单而实用的原则，否则在得分的统计上会出现较大的麻烦，最终可能会因这种麻烦而失去运转的动力。

一个科学有序的班级评价机制在运行中能最大限度地避免人为因素导致的不公平，在这个机制下班级每一名成员各司其职，各得其所。例如，有关加减分的问题就不能由科任老师、班主任说了算，因为班级评价机制中有明晰的指引，课堂怎样加分，加多少分由科代表负责，科任教师要服从这个指引，否则就会秩序全乱；纪律各环节的评分由班干部负责，班主任也同样不能随意给分、扣分，否则很容易引起"民愤"。所有评分以天为单位汇总到值日班干部手上，考试成绩加减分由科代表、学习委员负责等，所有这些都应成为班级全体成员的共识,而不能成为某个人的"意见"。

当然,有评价必有反馈,而且这种反馈必须及时,否则很难起到激励作用。最好是每天一小结(交由值日班长完成),每周一汇总(班长统计、公布数据;班主任做点评,提出整改意见),每月一评价(班长提供数据,班主任在听取大家意见的前提下公布奖惩措施)。

(七)课堂教学中小组运行的几个环节及注意事项

问题导向下的课堂教学一般包括自学、合作探究、展示、质疑、释疑、评价等环节。自学环节可前置完成,其他几个环节一般都应发生在课堂中。每一个环节都应有明晰的规范与要求,各个环节紧紧相扣,缺一不可。

1. 自学环节

第一个要求是学生个体独立完成,不可从一开始就讨论,因为未经思考的讨论要么是盲目听从他人的观点,要么就是拖沓低效。第二个要求是自学过程必须根据自学目标及时整理自学笔记,切不可毫无目标地盲目自学。第三个要求是在自学过程中要对各类问题有区别地做好标识,对熟知的知识可迅速带过;对一些借助工具书能解决的问题一定要自己动手独立解决,事实上经过自己动手所获取的知识远比直接从他人处获得的知识要有价值;对一些自己不能解决的问题必须进行标注,以便在后续的学习中带着问题去学习与思考,更有针对性地提升自己的学习效率。第四个要求是如果是课堂上布置的自学,教师要加强巡视,做好个别辅导,对共性问题要及时点评,提出纠正意见,切不可对问题视而不见,甚至熟视无睹。

2. 合作探究环节

学生经过自主学习之后,为使个体成果进一步凝练成熟,需要小组内部通过对学(两两学习)、群学(小组全员参与)等方式进行讨论,通过合作探究的方式将个体的智慧升华为集体的智慧。要做好合作探究,第一,要求小组全员参与,不可有人游离其外,否则小组的建设就难以称得上健康;对于个别性格比较孤僻或认识有偏差的学生要多方做好动员工作,说清楚利害关系，从而使整个小组真正融为一体，使合作探究真正发生在每一个学生身上。第二，在讨论之时要有中心发言人，不可各说各的，否则中心很难突出，成果很难集中。中心发言人可以是小组内部的学科负责人，也可以是小组内部轮流到的学生，但必须明晰。第三，合作探究必须有中心话题，不可不分主次遍地开花。中心话题一般是大家在讨论过程中发现的比较有争议的点，对于大家认可度比较高的点则要迅速带过。第四，合作探究还要有核心成果，不可议而不结，或结而不当。核心成果一般是小组成果中比较有代表性的、经过提炼的、文质兼顾的成果。第五，合作探究环节小组内部还要确定好展示者，一经确定，展示者不能推诿卸责。展示者的确定要小组达成共识，但最好能充分考虑其学科素养，因为要代表本小组将小组的成果完整、准确地展示出来。特别要提醒的是，在合作探究过程中，小组内部各成员之间要互相尊重，在彼此学习智慧的碰撞中共同成长，切不可将自己的观点强行凌驾于他人之上，要学会用得体的语言恰如其分地表达自己的观点，这是合作探究非常重要的目的。当然，在小组进行合作探究的过程中，教师要走到学生当中，及时搜集学生的问题，对学生存在的一些问题及时做好解答与疏导工作。

3. 展示环节

经过小组内部的合作探究，教师要让学生上台展示各小组的学习成果。这个环节要对两个层面提出不同的要求：第一个是展示学生层面，第二个是听展示学生层面。前者可从以下几个点做出明晰的要求：①展示人数。代表小组展示的人数很多时候都是一人，但其实为兼顾展示内容的类型不同，使成果展示更为充分，展示的学生得到更好的成长等因素，上台展示的学生可以是两人，甚至三四人，不可一成不变，教师应根据实际情况灵活变通，确保展示的效果。②展示站位。如果是简单的展示，代表小组发言的学生可在座位上直接表达；但更多的时候应让学生到讲台上展示，这既有仪式的因素在内，更有对展示效果的要求。而且展示者必须学会面向全体同学，而不能无视下面的同学，更不能背对同学。③展示仪态。声音必须洪亮，否则就是浪费时间,所以提前要做好动员工作。努力做到抑扬顿挫,声情并茂,如此方能最佳地表达出合作探究的成果;对展示的条理性、逻辑性、准确性等几个指标要密切关注,因为这是学生思维发展的重要维度,教师要及时做好点评,抓住教育的良机。

对于听展示的学生,可提出以下两点要求。

(1) 听展示纪律。

全班学生必须专注地听展示者的表述,这既是对展示者的尊重,也是对课堂秩序的维护,更是学生知识获取、能力提升的关键因素;切不可台上台下各自为政,更不能台上激情澎湃,台下七嘴八舌,整个课堂乱成一锅粥。

(2) 笔记要求。

展示者在台上进行展示时,台下的学生应在专注听讲的同时积极思考,对正确的知识、观点及时记录在案,对一些有不同看法的地方更要做出标注,只有这样在比较中学习才能使思维更加开阔,才能使后续的学习更具有针对性。

4. 质疑、论辩环节

针对展示学生的问题,其他学生要积极思考,教师更要激活学习主体,给他们大胆质疑的机会。质疑的学生首先要注意礼节的规范,要以得体的语言向展示者发起"进攻",这种"进攻"要具有针对性、典型性,提出的问题要有价值,要有思维含量,要有探究性;要注意避免质疑时对问题的重复啰唆,避免为质疑而质疑的低效烦琐。针对质疑者提出的问题,台上的展示者及台下的其他同学亦可进行有理有据的辩驳,直至双方观点达成一致。

教师在这个环节中要进行悉心的指导,尤其要根据学科的差异进行个性化的辅导。例如,语文课堂对质疑、论辩中的礼仪、思辨就需要特别关注,要结合语文学科素养对学生进行培训;数学学科则可能对论辩中的思维性会提出更高的要求等。

5. 评价环节

前面讲到班级的学生、小组量化应在遵循班级小组评价机制的前提下依规展开，所以教师在课堂教学过程中一般无须对学生的得分情况进行评价。教师的评价更多的应是对学生的学习过程及结果进行事实性的、结论性的评价。针对高中生的身心发展特点，教师对学生的评价要遵循发展与客观的原则，即在评价过程中要着眼于学生的身心、学业发展，尽可能使评价起到激励、促进的作用，并在这一基本前提下努力做到客观公正，切忌流于形式的、表面的、肤浅的评价，因为这种评价对高中学生的心智发展及思维提升有百害而无一利。

二、导学案的编写与使用

作为问题导向下的课堂教学的另一"抓手"，导学案的科学编写与使用极为重要，这也是影响课堂教学能否高效运行，学生自主学习能力培养能否达成的较为关键的环节。

（一）实施导学案的意义

学案导学这一策略，能够解决"以学生为中心"的主体参与、自主学习的主体地位的问题，变被动学习为主动学习。这一策略要实现两个前置，即学习前置和问题前置，使学生能够在导学案的引导之下，通过课前自学、课堂提高、课后链接等环节的调控，降低学习难度。而教师则借助学案导学这一策略，将教材有机整合，精心设计，合理调控课堂教学中的"教"与"学"，从而极大地提高课堂教学效率，使学生通过自主、合作、探究、交流、展示、反馈等学习活动，真正成为学习的主人。

（二）什么是导学案

导学案是经教师集体研究、个人备课，再集体研讨制定的，以新课程标准为指导、以素质教育要求为目标编写的，用于指导学生自主学习、主动参与、合作探讨、优化发展的学习方案。它是以学生为本，以学科素养的达成为出发点和落脚点，是学生学会学习、学会创新、自主发展的路线图。

导学案是学生自主学习的方案也是教师指导学生学习的方案。它将知识问题化，能力培养过程化，情感、态度价值观的培养潜移化。导学案按照学生的学习过程设计，将学习的重心前移，充分体现课前、课中、课后的发展和联系，在先学后教的基础上实现教与学的最佳结合。一份好的导学案能体现问题导向下的课堂教学改革核心理念及教学范式。具体而言，其呈现出以下四个特点。

1. 问题探究是导学案的关键

问题导向下的课堂教学要求在导学案中以问题为导向，用问题落实知识，用问题串联教学环节，用问题来落实教学任务，其必须起到"以问拓思，因问造势"的功效，并能帮助学生学会如何从理论阐述中掌握问题的关键。

2. 知识整理是导学案的重点

导学案必须体现导学、导思、导行的"三导"功能，其目标既在于让学生掌握所学知识，又在于让学生养成良好的思维习惯，掌握良好的学习方法、策略。导学案紧扣新课程理念的核心要求，让学生经过范例的学习，学会独立地将课本上的知识进行分析综合、整理归纳，构建相对完整的学科知识体系。

3. 思维培养是导学案的目标

学科的核心素养因学科的差异而各有侧重，但几乎所有的学科都将思维素养的发展提到了一个极高的位置。导学案在设置上必须充分考虑问题之间的思维逻辑、问题内部的思维含量及解决问题过程中所应具备的思维品质等。学生通过导学案的使用能在获取知识的同时养成良好的思维习惯，这才是真正使其受益终身的学科素养。

4. 巩固练习是导学案的着力点

导学案在设置上必须借助巩固练习对课堂所学知识进行及时的测试，通过及时的测试检测学生对所学内容的掌握程度，并以此对课堂教学的有效性进行评价，从而及时调整教学策略，改进教学方法。

（三）编写导学案的指导思想

问题导向下的课堂教学要求导学案源于教材而高于教材，应是学习教材的有效辅助材料。它的编写必须符合新课改的指导思想，在形式、内容和问题的设计中集中体现"自主、合作、探究"的课堂教学模式。课外时间，导学案能引导学生自主高效地学习、练习、研究，是课外学习的"良师益友"；课上时间，导学案能进一步引导学生合作、讨论、展示，是教师了解学情、透析疑点的"重要依据"。只有站在"新课改、新理念"的角度编写导学案，才能真正实现学习方式和教育方式的根本性改变，真正实现"高效课堂"。

（四）导学案的编写原则及要求

1. 编写原则

（1）课时性原则。

教材中，一些章节的内容用一课时是不能完成的，因此需要教师根据实际的上课安排，分课时编写导学案，使学生的每一节课都有明确的学习目标，能有计划地完成学习任务，最大限度地提高课堂教学效益。

（2）问题性原则。

问题性原则是将知识点转变为探索性的问题点、能力点，通过对知识点的设疑、质疑、解释，激发学生主动思考，逐步培养学生的探究精神以及对教材的分析、归纳、演绎的能力。导学案的编写要遵循以问题为线索的原则。通过精心设计的问题，使学生意识到：要解决教师设计的问题不看书不行，看书不详细也不行，光看书不思考不行，思考不深不透也不行。让学生通过教师设计的问题找到解决问题的方法，学会看书，学会自学。

在进行问题设计时，要认真思考以下几个方面：

① 问题设计要有思维含量，要能启发学生思维。

② 问题设置要精辟，不能太多、太碎。

③ 问题要直观明晰，能很好地引导学生阅读并思考。

④ 问题的叙述语应引发学生积极思考，积极参与。

（3）参与性原则。

通过对导学案的使用创造人人参与的机会，激励人人参与的热情，提高人人参与的能力，增强人人参与的意识，让学生在参与中学习，这就是参与性原则。相信学生，敢于放手发动学生，教师敢于给学生创设自主互助学习的机会，学生的学习潜能将会得到更有效的挖掘。

（4）方法性原则。

导学案中应体现教师必要的指导和要求。教师指导既有学习内容的指导与要求，又有学习方法的指导。如在学生自主学习时，教师要明确、具体地告诉学生看教材哪一页的哪一部分，用多长时间，达到什么要求，自学完成后教师将采取什么形式进行检查等。

（5）层次性原则。

教师在编写导学案时将难度不一、杂乱无序的学习内容处理成有序的、阶梯性的、符合各层次学生认知规律的学习方案。教师要认真研究导学案的层次性。导学案要有梯度，能引导学生由浅入深、层层深入地认识教材、理解教材，能引领学生的思维活动不断深入。导学案还应满足不同层次学生的需求，要使优秀生从导学案的设计中感到挑战，一般学生受到激励，学习困难的学生也能尝到成功的喜悦。要让每个学生都学有所得，最大限度地调动学生的学习积极性，提高学生学习的自信心。

2. 基本要求

（1）吃透教材是基础。

教材是学生学习的媒介，导学案的编制必须深入研究教材，紧紧围绕学科素养的要求，提炼知识脉络，把握重点，研究新旧知识的内在联系和拓展提升点，找准关键，研究学法，探寻规律，深挖情感因素。

（2）要对教材进行"二度创作与开发"。

对导学案的设计要从教材的编排原则和知识系统出发，把握好对教材的

"翻译""开发"和"二度创作"。把教材中深奥的、不易理解的、抽象的知识,"翻译"成能读懂的、易接受的、通俗的、具体的知识,以直观的方式加以呈现,帮助学生更容易、更有效地进行学习。

(3)紧扣目标抓落实。

导学案的编写要围绕单元教学要求和课后练习,每课设置适宜的学习目标。整个导学案要以学习目标为中心,紧扣学习目标来设置学习问题和学习过程。

(4)逐级生成讲实效。

一节课的好坏,不是停留在学生对课本知识的复制和学会上,而是看课堂上学生的思维碰撞、对问题的质疑、文本的批判、动态的生成。导学案所涉及的课堂内容,要分层探究,有序引导,体现知识的逐步生成过程,要由低到高,由易到难,由简到繁,螺旋状上升。

(五)导学案的基本组成及具体要求

导学案的基本组成。

1. 学习目标

(1)目标功能。

优秀的导学案在目标确定上要充分考虑三个功能:导向、激励和调控。其要通过清晰的指令,让目标具体化、明确化,具有可操作性,可对目标进行检测,并做出正确的评价。

(2)设置原则。

学习目标数量以3~4个为宜,不能太多,如果目标定得太多、太散,一节课内很难全部落实;内容一般包括知识技能积累、方法策略运用及情志收获等体现学科素养的要求,应突出重点、难点目标,标注使用说明等;目标内容应明确具体,具有可操作性,能够通过教学实践达成。教师需按照学生的实际水平和预设的教学目标,准确地为学生确定学习目标。学习目标既不能过低,使学生达不到基本的学习要求;又不能过高,使大多数学生即使再怎么努力也很难达到。如果目标确定的不适度,学生很难实现高效学习。学习目标用语中不要用"了解、理解、掌握"等模糊用语，要用"能记住""能说出""会运用""解决……问题"等可检测的明确用语。

2. 知识链接

知识链接在导学案中根据学科的差异，往往呈现为所学相关知识推介、知识背景介绍、知人论世、课题阐释、知识检测等。这部分内容一般放在课前，交由学生自学完成。该环节最主要的作用在于扫清学生学习新知识的障碍，为新知识的学习做好铺垫。

3. 学习内容

学习内容的确定是导学案的核心，优秀的导学案在内容的确定上要体现导学、导思、导练等功能。

在导学上要突出学生的自主学习，包括学生自主读书、独立思考、自主操作、自主练习等在内的由学生独立获取知识和技能的过程。

导学案的核心作用在于：提出学习要求、划定学习范围、指导学习方法、启发学生思考、帮助学生理解等。

4. 学法指导

学法指导有两种常见的形式：第一种是本学科的研究方法。例如数学教材的各个章节都有意识、有步骤地渗透了归纳、转化、数形结合等数学思想与方法。第二种是学生平时普遍的学习方法。例如阅读的技巧、做笔记的方法、自主学习的方法、小组合作的技巧等。学法指导应成为导学案编写的重要考量对象。

5. 学习小结

学习小结，即知识结构整理归纳。导学案的最后一个问题一般设计为本节知识的体系建构。按知识点之间的内在联系归纳出知识线索，具体的知识点要尽可能留空由学生来填写。本节知识是与其他章节知识联系紧密的，在归纳出本节知识结构的基础上要体现出与其他章节知识的联系。同时还要引导学生对学习方法进行归纳。

6. 达标检测

导学案的最后一个模块一般设置为与本节课所学内容相匹配的知识检测，用以诊断本节课的教学效果。具体要求如下：①题型要多样，量要适中，不能太多，以10分钟之内可以完成的题量为宜。②紧扣考点，具有针对性和典型性。③难度适中，即面向全体，又关注差异。建议可设置选做题部分，促进优生成长。④规定完成时间，要求独立完成，培养学生独立思考的能力。⑤注重及时反馈矫正，对学困生要及时辅导跟进。

7. 导学案的编写流程

问题导向下的课堂教学要求导学案经五步生成，基本流程为：先由主备人"个备"，然后交由学科组"群议"，结合大家的建议再由第一主备人修订，分给任课教师，由每个任课教师根据自己的实际情况在此基础上再进行"个备"，最后结合自身实际（个人特长、班级层次等），对导学案做最后的修订。

导学案在设计时要求教师要能够深入浅出，做到知识问题化，问题层次化。学生要能够浅入深出，摸着"石头"过河，步步为营，逼近目标。一般导学案要包括学习目标、重难点预设、学法指导和知识链接、自主学习、合作探究、测评反馈、课后反思等几个环节。本着一课一案的要求，每个导学案的分量要适宜，不要过简，也不要过繁，要合乎实际操作，有实效，尤其要精选习题，坚决杜绝"题海"战术。编制的导学案容量以学生预习时间不超过30分钟为宜。

（六）编写、使用导学案应注意的几个问题

1. 用语简洁，思路清晰

编写高质量的导学案是一节课成功的基础，它能体现教师的"支架"作用，也能对教师的教学行为进行限定与约束。编写时要求教师语言简练、开门见山、直击要点。作为教师要清楚何时点拨、点拨什么内容（易错知识点、易混知识点、方法、规律、知识结构、注意事项、拓展等）。科学规范的导学案，能够使教师不在课堂教学中信马由缰，漫无边际，而是在预定的时间内达成相应的教学任务。

2. 对标教材，逻辑性强

教师在编制导学案时，必须把握好对教材的"翻译"，把教材严谨的、逻辑性极强的、抽象的知识，翻译成能读懂、易接受的、通俗的、具体的知识，以问题的方式呈现出来。要在其中确定学生要达成的学习目标，并给出达到目标的最佳途径。好的教师要能够深入浅出，设计导学案要做到知识问题化，问题层次化，层次梯次化，梯次渐进化。

3. 清晰定位，针对性强

问题导向下的课堂教学要求将导学案根据知识、素养要求的差异分层。第一层为基础知识层面，"识记类内容"。理科一般为教科书上的基本概念、基本原理和公式的简单呈现；语文主要是生字的读音和含义、重点词的解释和应用收集整理。第二层为"理解级"，是在第一层基础上进行的简单应用。理科主要是一些基础题结合基础知识的练习；语文主要是对文本的大体分析，如文章的中心思想，故事的大体过程，对人物的大体认识等。第三层为"应用类"，是进一步的知识运用，理科侧重于解题思路的理清和解题规律的归纳，此时常常会设置一两个一题多解的题目，使学生尽快形成一定的解题能力；语文则是重点语句的整理，该语句在人物特点塑造上的作用，反映了人物怎样的心理特征，反映了作者怎样的思想情感。第四层是拓展延伸，为"拓展级"。理科是一些与实践相结合的题目，把知识结合实际生活问题的解决联系在一起，一般比较难；语文方面则是布置学生结合文章的写作手法进行的个人小创作。四个层级的内容面向不同的学生，前两个层级要求学生必须人人过关，重点考查后进生，第三层则主要面向的是中等以上的大部分学生，而第四层则是面向一些优生，课堂的精彩常常由他们来升华。

4. 突显学生的主体地位

导学案是为学生学习服务的，必须从有利于学生学习操作的角度思考设计，要始终把学生放在主体地位进行考虑；在导学案编写过程中可根据学习内容的需要，增加"加油站""温馨提示""友情链接"等补充说明、信息提供、方法指导的模块，让学生能学、会学。

5. 灵活机变，不僵化

导学案应根据课型、知识模块、学情等方面的差异做出相应的调整，不能用一成不变的模式加以编制。例如在新授课中就要注重导入、知识的内在逻辑与层次等；在复习课中则要更多考虑构建知识体系，归纳总结知识掌握的策略方法等；而在讲评课中则要充分考虑学生存在问题的知识属性，强化审题思维、答题思路等。导学案可分为预习性学案、复习课中的检测性学案、专题性学案等。

6. 立足发展，多鼓励

在设置环节中，要尽可能地考虑到学生可能出现的亮点及困点。面对亮点，要想到通过怎样的方式适时地表扬学生；面对困点，又要想到用怎样的策略不让学生产生挫败感，获得前行的勇气。在理性分析的同时，不妨多考虑一些激励性的语言。例如在导学案中设置这样的环节：温馨提示——比比看，哪个小组办法多等。

7. 课后反思、不断完善

课后反思可以从以下几个方面入手：

（1）解决问题的能力情况。

针对个别学生存在的个别问题，宜采用个别辅导的方法单独解决；如果是全班学生的共性问题，则需在集体评析的同时，设计下阶段强化训练此知识点。

（2）教学方法得当与否。

要反思在课堂教学中是否因教学方法的失当而使教学进程艰涩，是否因情感的缺失、节奏的把控不当而使学生的学习激情不再。亦要思考教学中如何使学生产生强烈的学习兴趣与动机等。

（3）学习目标的达成情况。

一节课的学习目标即是本节课的导航，目标的实现与否直接决定这节课的成败。在课后的反思中一定要对照目标逐一考评，以对本节课的达成情况进行及时、准确的评价。从而及时调整自己的目标设置或实现目标的策略手段等。

（4）思考失误的原因所在。

对教学过程中出现的失误务必认真思考其原因，看是重、难点把握力度不当，还是对学生的指导、点拨不到位，抑或是其他原因。这种归因的思维方式对改进教学方法极为重要。此外，还要思考某个教学环节的成功是偶然还是必然等。

第四章

问题导向下的课堂教学实施：
立足于校本的教研

一、培训工作

适时的培训对于问题导向下的课堂教学的实施极为关键，其是该模式下课堂教学可以顺利实施的保障。只有做好各个层面的培训才能使整个师生团队形成合力，产生最大的效益。这种培训涉及方方面面，有学校层面的，有级组层面的，有学科组层面的，也有班级层面的，甚至还有小组内部的。

（一）宏观建构层面的培训

在宏观建构层面的培训首先是要着力解决教师的思想是否统一的问题，唯有解决好这个问题才能使后续的培训与实践得以顺利推进。这个层次的培训，校长应成为主心骨，在某种意义上来说，一所学校的课堂教学改革、课堂教学模式的建立是校长的核心管理理念的体现，一旦校长的核心作用在这个层面缺席，那么这所学校的课堂教学改革必然是要打折扣的。当然，校长也可以赋权主管教学副校长，让他来主导学校的课堂教学改革，但校长必须旗帜鲜明地表态，并以实际行动给学校的教学改革予以最有力的支持。另外，学校层面的培训更需借力专家学者，让专家进校园,开展全校性的大教研活动,以此来提升教师的教育教学水平。

学校层面的有关问题导向下的课堂教学培训可包含以下几个方面:课堂教学的核心理念、理论及现实依据、现实价值及意义、基本操作思路以及评价机制等。着重从宏观上对课堂教学进行设计和布局,以起到更新理念、动员思想、清晰目标等作用。具体而言,这个层面的培训可从以下主题入手:①新形势下教师的备课、上课、评课、学习、科研、成长要求。②《中国高考评价体系》及《中国高考评价体系说明》的解读与学习。③《中国学生发展核心素养》总体框架解读及其与学校课堂教学之间的内在关联。④新课程标准各科核心素养解读及其在课堂教学中如何落地。⑤问题导向下的课堂教学的实施意义与可行性操作策略。⑥问题导向下的课堂教学的特点及其应对策略。⑦问题导向下的课堂教学应遵循的原则及案例分析。⑧问题导向下的课堂教学的基本要求及教师的教学行为分析。

……

当然,学校层面的培训还必须做好"小组建设"与"学案导学"两个层面的总体设计。例如小组建设所应达成的目标、学案导向的基本功能等。

(二)职能部门层面的培训

在学校做好宏观设计和布局之后,各个职能部门要开展与本部门职能相匹配的培训。在我国现行的学校结构中,很多学校都不设专门的课堂教学改革部门,而是要求各部门互相配合、共同完成课堂教学改革的任务。德育部门偏重于小组建设方面的培训,教务部门则偏重于学案导学方面的培训。前者的培训要统一好学校班主任队伍的思想认识,在课堂教学改革中要形成思想的合力;要具体指导他们如何组建小组,如何制定组规、组训,如何运行小组,如何开展小组的竞争文化、如何评价小组等;还要通过各种方式对显性、隐性文化进行检查督促,以使年级的小组建设形成合力。后者则要对导学案的编写提出具体的要求(如目标如何设置、层次如何安排、问题如何布局、思维素养如何落地等），对课堂教学中如何落实导学案等进行培训，从而使设计与实际更好地匹配。

(三) 年级组层面的培训

年级组层面的培训由年级组组长或年级中某一领域（如小组建设）有比较成熟做法的教师组织。该培训应根据年级的针对性，如高一年级前半段的培训要偏重于小组的有序组建与良性运行；而后半段则要将学案导学与小组的高效运行有机地结合。高二则应更多地考虑小组如何精细化运作、学案导学如何进行细节打磨、评价机制如何更好地起到激励作用等。高三则应该考虑复习课与讲评课中如何精心地设计问题，如何更加高效地组织课堂教学。在培训过程中内容要具体化，形式可多样。例如小组建设可分诸多专题进行培训，以班级小组长培训为例，年级组组长可在学期初、开学一个月后、半个学期后分别组织小组长进行培训，分别就小组建设如何拟定组名、如何确定小组行动目标等问题进一步明晰规范，将小组长的职责范围更加明晰确定，使其更好地掌握在小组建设中存在问题的有效改进策略与方法等。

(四) 班级层面的培训

班级的培训由班主任和班干部组织，面向班级的部分或全体学生。主要是针对班级小组建设中要注意的或出现的一些问题进行有针对性的组织培训，其目的是解决学生在小组建设或学案导学中遇到的一些问题，从而使课堂教学运行秩序良好，课堂教学实施效果得到改进。如针对小组建设中的组名确定、组规制定等问题进行有针对性的小组长培训，使小组长能明晰工作思路、找到工作路径；再如课堂教学中如何组织讨论、展示，导学案在小组学习中如何进行收发等细节问题也可组织相应的培训。当然，这个层面的培训也可以由班干部或表现出色的小组代表组织，班主任要给予足够的支撑，做好点评、引导工作。

(五) 学科组层面的培训

学科组层面的培训更多的是专题性的培训，一般由备课组组长组织，具体实施可以是备课组组长本人，也可以是备课组成员。主要针对导学案编制的科学性、导学案在班级中的合理运用、导学案与小组运行之间的融合等问题。学科组根据学校的课堂教学要求、本学科组在某阶段、某类班级中出现的问题确定培训主题，由学科组长分配培训任务，再在规定时间内围绕该主题进行研讨，从而形成对某一问题的共识，最终找到解决问题的方法。例如就学科素养如何在导学案落地的问题可以针对不同课型、课例展开讨论；还可以就如何更加合理确定学习目标、在课堂教学中如何组织学生围绕问题进行讨论等具体的问题组织专题培训。

二、推进工作

问题导向下的课堂教学作为新课程理念支撑下的一种教学样式，要想在学校成为全体教师的教学共性行为，并在此基础上形成一种良好的课堂生态，必须得到各级层面的大力推进，特别是各职能部门要通力配合，形成推进的合力。其既要有顶层的设计、制度的保障，又要有全体教师的群策群力、集思广益，还要有优秀教师的新颖别致、大胆创新，更要有全校教师的齐心协力、落地生根。

（一）制度保证

任何一项课堂教学改革的推进都必须有完善的制度作为保证，问题导向下的课堂教学自然也是如此。这些制度从各个层面、各个角度对课堂教学工作的推进提供保障。例如《学校课堂教学改革实施方案》《学校课改推进活动实施方案》《学校听课评课制度》《学校科组、备课组活动及备课规范与要求》等。通过这些制度（方案）的制定与实施，从宏观到微观切实解决课堂教学改革中可能遇到的或已经遇到的问题。

下面是听课、评课制度示例（表4-1）。

表4–1

＿＿＿＿＿中学教师听课评课制度
为使我校教学常规管理工作落到实处，鼓励教师多听课，博采众家之长，形成互相学习、互相提高的良好氛围，进而提高教师业务水平，提高课堂教学质量，特制定本制度
一、听课数量 每位教师每学期听课至少12节，科组长、教学服务中心领导及校级干部每学期听课不少于20节
二、听课类型 1.随堂听课：学校行政、教研组长等事先不打招呼，随时进课堂听课。 2.预约听课：学校行政、教师及学生家长预约，确定听课时间、教学内容及形式等，进行听课、评课。 3.教师自报听课：由教师个人提出申报，邀请学校领导、教师与自己一起切磋教学方法。 4.教研活动听课：根据学期初制定的教研组活动安排，由教研组组长召集组员围绕主题有准备地进教室听课。 5.公开课听课：市、区、校统一组织的研讨课、展示课、评比课等
三、听课要求 1.听课前应了解执教教师的教学内容，带着问题做好听课前的准备。 2.听课教师按时进入教室，坐在后排听课，听课过程不评论，听课中途不离场。 3.听课过程要有记录：标明日期、授课人、班级、课题，有重点地记录下教学过程，撰写教学建议和总体评价意见。 4.班主任尽可能多地听本班课，以全面了解班级学生学习情况；任课教师以本学科为主，鼓励跨学科听课，借鉴其他学科教师的长处。 5.听课后要及时与执教教师交换意见
四、评课要求 1.评教学理念：依据学校"问学"课堂改革及国家新课改理念，评议教学理念在课堂教学中的体现。 2.评教材处理：评议教材体系及知识体系是否把握准确、教学重点是否突出、难点是否突破、容量是否妥当等。 3.评教法运用：评议教师在课堂教学中运用的教法是否符合学生年龄特点、是否有利于学生能力的培养、是否可以调动学生学习积极性

续表
_____中学教师听课评课制度
4.评学法指导：评议教师在课堂教学中对学生学习方法的指导情况。 5.评教学过程：评议教师在教学活动组织中，教学环节的安排是否合理、教学组织形式是否科学、教学整体结构是否严谨、教学节奏是否得当等。 6.评教学效果：评议教学内容的完成程度、学生对知识的掌握程度、能力的形成程度、思维的发展程度等
五、检查与考核 1.学期结束前一周，每位教师听课记录本交教学服务中心，由教学服务中心安排专人检查教师校内外听课数量、听课记录情况、评课建议、总体评价意见等。 2.听课、评课作为教师专业发展的项目之一，列入学期教师绩效考核中
六、本方案自公布之日起开始实施，解释权归学校
_____中学教学服务中心 _____年___月

（二）活动开展

问题导向下的课堂教学要顺利推进，除了开展各种培训使教师的教育教学理念更新，明晓该课堂教学模式的相关理论、框架结构、实施策略等外，还要通过各种活动来推动。

1. 备课组层面的专题研究活动

备课组是学校最基本的集体教研单位，它同时也是学校课堂教学研究工作具体落实的最直接因素。因此任何一项课堂教学改革要想得到落实，都必须高度重视备课组的教研功能。一直以来，备课组的教研，很多时间都是一些常态性的任务布置、工作落实，费时而低效。要想真正提升备课组的教研内涵，必须从调动每一位教师的教研积极性入手，要做到这一点就必须让教师从成长的舒适区走出来，让每一位教师不断研究，不断成长。其中重要的一个方法就是加大专题研究的力度，通过对一个阶段（通常是一个学期）教研的宏观调控，在充分了解备课组每一位教师优势的基础上，进行优化组合、协调分工，让每一位教师都能找到自己钻研的方向，让备课组的教研深入，从而切实提升备课组教研的实效。

下面是教研组活动方案示例（表4-2）。

表4-2

_____中学科组、备课组活动及备课规范与要求
为进一步提升学校教育教学质量，加强教研活动和备课的规范管理，切实提高学校管理效能，经校行政会研究，决定对我校科组活动、备课组活动、集体备课和教师个人备课做出如下规范与要求，请遵照执行
一、加强科组活动管理 每周一次的科组教研活动，要定时、定点、定主题内容，因故不能开展科组活动的科组要事先请示教务处（或教研室）主任。教师个人因事不能参加科组活动要向教务处主任请假
二、规范备课组集体备课活动 备课组活动做到"五定""三重"。 1."五定" ①定规划：每次教研活动需有活动规划，不可漫无目的、草率行事。 ②定时空：教研活动需有固定的活动场所和具体的研究时间。若有更改，需告知教务处。备课组活动时间为两节课，任务分配后，要进行深入研讨，不可私自缩短时间。 ③定主题：教研活动需有明确的教研目的、具体的内容和鲜明的主题。 ④定人员：教研活动需有固定的召集人（备课组组长）和活动主体人员，同时分工明确，责任落实。教研活动因特殊原因不能进行需告知教务处，个人有事需向教务处请假。（学校检查以是否告知或请假为准） ⑤定措施：教研活动开展需制定切实的措施和办法，有清晰的活动形式和流程设计 2."三重"： ①重过程：教研活动的基本过程符合教研主题的需要，有准备、有交流、有总结等环节。 ②重研讨：教研活动要强化研究的过程，教研主题和教研任务要使全体成员提前知晓、提前准备，要确定主体发言人，交流要强调有效。 ③重记录：教研活动必须及时记录活动过程，集思广益，形成经验性成果

续表

_____中学科组、备课组活动及备课规范与要求
备课组活动是集体备课的重要环节，备课组内教师在备课组长的主持下，在备课活动时间讨论教学问题和对导学案修改提出意见。导学案的编写和练习的选编要进一步规范。要提前备课，要求各备课组至少要有一周的备课提前量；要认真落实集体备课的三个环节："主备人按备课组长安排内容备课，完成导学案（高三练习）初稿—在备课组活动时间组内教师集体讨论，提出修改意见—主备人再修改，定案付印"。导学案（练习）电子版分两次上传到学校FTP（考试周上传）
三、教师个人备课要求 备课是教师个人创造性劳动的体现，我们尊重各种形式的备课方式。学校提倡备课要把电子导学案与各种纸介文本资料相结合。备课资料可以是教案本撰写的教学设计（工作时间三年以内新教师要求一定要有），可以是导学案上教师填写的内容，可以是教师在教科书中作的眉批和注解，可以是练习中教师的解题和分析。教师要注意对备课资料的整理，科组长要不定期对教师备课资料进行检查。教务处在第七周和第十四周对全校教师的备课资料进行普查
四、教务处、教研室将会对教研活动、备课情况加强检查与监督，并及时向全校教师反馈
五、以上规范与要求自_____年___月___日起执行。
_____中学教务处、教研室 _____年___月___日

2. 学校（年级组）的课改推进专题活动

当课改推进到一定程度之后，就必须对课改的成果进行检测、评价，这种来自外在的刺激能更好地激励广大教师关注自己及身边的课堂。一方面，教师能在自我与他人的对比观照中，知得失、明方向，从而进一步规范自身的课堂教学行为，提升自己的教学能力；另一方面，能在全校上下形成课堂教学改革的浓郁氛围，形成关注课堂、研究课堂教学的良好风气，从而使课堂教学改革得以顺利推进，使全校的课堂生态进一步优化。如果课堂教学改革只有布置，而没有悉心培育，这种课堂教学改革就有可能失去前行的动力，甚至出现最终搁浅的情况。

课改示范课可以分为两个层面来推进,第一个层面是年级组层面,第二个层面是学校层面。前者由年级组统筹,组建好年级评议小组;给年级各备课组具体指标,再在一个规定的时间周期内进行观课、评课活动;然后由年级评议小组进行评选,从而推出年级组的课堂教学改革之星。后者在年级组评选的基础上,出台新的学校层面的方案,组建学校层面的专家评议组(可以外请专家);再通过观课、评课等活动最终评出学校层面的课改之星。特别要说明的是,因为高一、高二年级主要是新授课,而高三年级是复习课与讲评课,虽然在课堂教学的核心理念的落实上都可以做到,但在实施的环节上不同的课型肯定会有差异。所以在课改推进时可将高三与高一、高二分开来,通过不同的实施方案区别对待,分别推进。

下面是不同年级的课改推进方案示例及评价量表(表4-3、表4-4、表4-5)。

表4-3

_____中学_____学年第____学期课堂改革推进方案
为进一步深化我校课堂教学改革,学校以常态课的实施为抓手,积极推动学科核心素养与课堂教学的深度整合,进一步提升课堂效能。本学期,学校确定通过主题研讨、课堂研究等活动,以主题教研为龙头,以研促教,帮助教师解决课堂教学中共性较大的问题和前瞻性问题,从而形成教师之间合作、交流、探讨、共享的教研活动机制和模式,促进教师专业成长
一、研究内容 1."问学"课堂改革背景下如何科学设计导学案。 2."问学"课堂实施过程中如何科学设计教学环节。 3."问学"课堂改革背景下如何有效开展集体备课。 4."问学"课堂改革背景下如何有序开展"主题研讨"活动。 5."问学"课堂改革背景下如何建设高效运作的小组。 6."问学"课堂改革背景下如何将信息技术与教学有机融合

＿＿＿＿中学＿＿＿＿学年第＿＿学期课堂改革推进方案

二、实施策略

（一）工作小组

组长：

副组长：

组员：

具体分工如下：

1.课堂环节研究组：（负责人）

文科组：

理科组：

2.导学案编写研究组：（负责人）

成员：

3.小组建设研究组：（负责人）

成员：

（二）工作周期

从第×周起至第×周结束

（三）责任要求

1.教学服务中心做好统筹规划，加强检查、反馈、督促力度。

2.课堂环节研究组要求了解课堂中师生教与学的情况，研讨各种课型的教学。

3.导学案编写研究组要求检查备课中发现的问题和导学案编写的问题，提出改进措施。

4.小组建设研究组要求掌握各班的小组建设、运行情况，提出改进措施

三、实施方法

（一）课堂环节研究组

1.每位组员每周至少听两节课，听课可跨年级、学科。

2.每位组员认真填写《课堂观察表》，每周交给所在组负责人。

3.及时找授课教师沟通，提出改进措施，并督促落实。

（二）导学案编写研究组

1.工作小组以小组为单位每周至少抽查所在年级两个备课组的导学案（高三为备课资料），重点检查导学案设计的规范及问题设计的梯度、学科核心素养的落地等情况。

2.进入课堂听课，检查导学案在课堂上的使用情况；抽查学生导学案的批改、订正等情况。

3.将检查情况及时反馈给教师及导学案编写教研组，提出改进措施，并督促整改。

续 表

_____中学_____学年第___学期课堂改革推进方案
（三）小组建设研究组 1.工作小组以小组为单位检查各个年级、班级小组建设情况，提出改进措施，并督促落实。 2.在工作周期内至少组织两次小组建设培训。 （四）总体要求 1.各研究组负责人每两周召开一次碰头会，反馈情况，研究对策，部署任务。 2.学校领导组每两周召开一次总结会，以小组为单位进行汇报。 3.所有工作小组和成员组织和参加的活动必须以文字材料的方式呈现
_____中学教学服务中心 _____年___月___日

表4-4

_____中学____届高三一轮复习研究方案
为了进一步提升我校高三一轮复习备考的信度、深度和效度，高三级组将从教研活动、备课及课堂等几个维度展开深入研究。本方案旨在调动高三全体教师积极参与教学研究，切实解决当前高三教学备考当中的一些前瞻性和普遍性的问题，为我校高考的最终胜利及师生的共同成长打下坚实的基础
一、教研活动 （一）总体要求 目标高远，责任担当，组织有序，合力至上。 （二）具体要求 1.全体高三教师要高度重视教研活动，如无特殊情况，必须按时全程参加每周的备课组活动。 2.教研活动要深入，特别要突出主题性、专题性；内容安排要丰富，形式可多样，环节要紧凑；切忌随意松散地组织，切忌泛泛而谈或议而不决。 3.备课组组长要起到组织协调的作用，对教研活动要有设计规划，要充分调动备课组成员参与的积极性；切忌一言堂或只布置任务，不检查落实。 4.备课组成员要积极配合备课组的各项活动，保质保量地完成各项任务，积极为高效备考建言献策；要形成研讨合力，追求目标最大化。

续表

_____中学____届高三一轮复习研究方案
（三）研究活动 具体由备课组组长组织落实，全体成员密切配合；领导组不定期抽查备课组教研活动开展情况
二、备课 （一）总体要求 决胜以集体智慧，机变于师情、班情、学情。 （二）具体要求 1.备课组对教学进度要严格把控，坚决避免粗放性的布置安排。 2.备课的流程为：备课组统筹布置任务—负责教师主备—集体研究，形成共性认识—科任教师根据实情进行再次备课。 3.备课人要突出备课思路，更要突出备课思想。 4.备课要根据不同的课型（主要是复习课和评讲课）依情而变，突出重点、难点，突出方法和策略，突出思维提升，突出发展能力及素养。 （三）研究活动 具体由备课组组长组织落实，全体成员密切配合；领导组定期抽查教师备课资料及备课组教研活动开展情况
三、课堂 （一）总体要求 流程规范，思路清晰，目标导航，任务驱动，学生主体。 （二）复习课一般流程 导入课题，目标引领—自主整理，整体建构—深入完善，典例导练—应用感悟，变式训练—综合检测，达标演练—归纳链接，拓展提升。 （三）讲评课一般流程 对照答案，自查自纠（一般问题）—小组互助，解决困难（较难问题）—跨组讨论，解决疑难（疑难问题）—教师点拨，总结归纳（关键问题）—当堂检测，查缺补漏（生成性问题）—深入讨论，延伸拓展（拓展性问题）。 （四）研究活动 以备课组为单位，每两周组织不少于一次的组内专题研讨课，形式可为骨干教师示范课、青年教师展示课、同课异构或随堂听课等；上完课后展开集体研讨，在研讨中清晰认识，纠正偏差，共同进步。备课组对活动及时推送新闻稿，及时整理材料并报给备考领导组

_____中学____届高三备考领导组
_____年____月____日

表4-5

_____中学课堂教学观察量表					
学科：			授课教师：		课题：
授课班级：			授课时间：		观察教师：
观察维度	观察视角	观察点	观察记录		观察评价
教学流程	导	情境导入	■是否激趣	是□ 否□	5分□ 3分□ 1分□
^	^	目标呈现	■是否清晰	是□ 否□	5分□ 3分□ 1分□
^	^	^	■重难点是否合理	是□ 否□	5分□ 3分□ 1分□
^	学	独学	■是否有序	是□ 否□	5分□ 3分□ 1分□
^	^	对学	■是否全员参与	是□ 否□	5分□ 3分□ 1分□
^	^	^	■是否投入	是□ 否□	^
^	^	群学	■是否合作探究	是□ 否□	5分□ 3分□ 1分□
^	^	^	■教师是否指导	是□ 否□	^
^	展	个人展示	■是否规范清晰	是□ 否□	5分□ 3分□ 1分□
^	^	小组展示	■任务是否分层	是□ 否□	5分□ 3分□ 1分□
^	^	^	■知识是否掌握	是□ 否□	^
师生行为	评	点评方式	■选用是否妥当	是□ 否□	5分□ 3分□ 1分□
^	^	归纳点评	■是否精当到位	是□ 否□	5分□ 3分□ 1分□
^	^	方法指导	■是否合理有效	是□ 否□	5分□ 3分□ 1分□
^	^	思维提升	■是否提升思维	是□ 否□	5分□ 3分□ 1分□
^	测	检测方式	■是否妥当	是□ 否□	5分□ 3分□ 1分□
^	^	检测时效	■是否及时	是□ 否□	5分□ 3分□ 1分□
^	^	检测目标	■是否精准	是□ 否□	5分□ 3分□ 1分□
^	^	能力提升	■是否提升	是□ 否□	5分□ 3分□ 1分□

续 表

_____中学课堂教学观察量表

观察维度	观察视角	观察点	观察记录	观察评价
课堂文化	思考	问题驱动	■是否由问题驱动　是□ 否□	5分□ 3分□ 1分□
			■问题设置是否合理　是□ 否□	5分□ 3分□ 1分□
		独立思考	■是否充分　　　　　是□ 否□	5分□ 3分□ 1分□
		思考水平	■是否达标　　　　　是□ 否□	5分□ 3分□ 1分□
	民主	师生关系	■是否平等对话　　　是□ 否□	5分□ 3分□ 1分□
		生生关系	■是否合作交流顺畅　是□ 否□	5分□ 3分□ 1分□
	创新	知识生成	■是否生成目标资源　是□ 否□	5分□ 3分□ 1分□
		应对策略	■是否积极应对　　　是□ 否□	5分□ 3分□ 1分□
	特质	教师特质	■是否发挥教师优点　是□ 否□	5分□ 3分□ 1分□
		课堂特色	■设计是否有特色　　是□ 否□	5分□ 3分□ 1分□
总评建议				评分:

3. 青年教师优质课比赛活动

青年教师的成长事关一所学校的未来发展，一所学校课改的成功必须要有青年教师作为重要的支撑。问题导向下的课堂教学改革的推进必须过好"青年关"，其要获得青年教师的青睐，必须让青年教师尝到参与其中的甜头与快乐。毋庸置疑，一名教师最大的甜头与快乐必然来源于专业成长。学校必须搭建好促使教师专业成长的"台"，使广大青年教师有用武之地。作为推进课堂教学改革的一项重要工作，青年教师优质课大赛应成为学校的常态性工作。

青年教师优质课（简称"青优课"）以年龄为参赛标准，一般来说以40岁作为划分的界点。可分为初赛和决赛两个阶段组织进行，初赛由各科组组织，科组通过方案确定初赛参赛对象（40岁以下的教师）、比赛方式（说课、命题、教学设计撰写）等，评选出本科组的优胜者。决赛由学校组织，通过周密细致的组织，最终评选出学校层面的优胜者。

下面是学校青年教师优质课活动方案示例（表4-6）。

表4-6

____中学_____学年____学期"青优课"活动方案
一、活动宗旨 践行新一轮课改的精神，进一步推进我校课堂教学改革，提升课堂教学效率，提高教师业务水平和教学能力。为广大青年教师提供展示自我和相互学习的平台，加强青年教师队伍建设，促进青年教师专业成长，全面提高我校教育教学质量
二、参赛对象 教龄3年以上38周岁（含38周岁）以下、高三年级除外的全体青年教师
三、比赛程序与要求 （一）第一阶段：各科组组织组内预赛 1.时间：第3至8周。 2.形式： ①以组内听课为主，各科组符合参赛条件的教师都必须参加预赛，要精心准备，努力落实新课改精神，参赛课要有详细教案。

续 表

＿＿＿中学＿＿＿＿学年＿＿＿学期"青优课"活动方案
②不需参赛的教师参与听课、评课，科组长牵头组成评审小组对参赛课进行评定，并确定本组参加决赛的人选，评审小组成员原则上必须具有中级以上职称。 3.各科组决赛推荐名额：语文2人、数学1人、英语2人、物理1人、生物1人、化学1人、历史1人、地理1人、政治1人。 4.要求： ①科组长在第3周周一将本科组的安排表报教研室，并将安排表发给科组内教师以便及早做好听、评课准备。 ②科组长于第9周周五之前将本组的评比结果、评分记录及参赛教师相关资料汇总报送教务处、教研室。 （二）第二阶段：校内决赛 1.时间：第13至14周。 2.形式： ①分文科组和理科组进行听课、评课活动。 ②由学校组织评审小组对参赛课进行评审并确定获奖者及名次。 文科组评审小组成员：　　　　（组长）、　　　　　　（组员） 理科组评审小组成员：　　　　（组长）、　　　　　　（组员） 3.获奖名额分配：分文、理科设奖，文科指语文、英语、政治、历史、地理，理科指数学、物理、化学、生物。一、二、三等奖比例分别为30%、30%、40%。 4.要求： ①进入决赛的教师需在第10周周五之前将自己上课的具体时间、内容等告知评审小组组长。 ②评审小组组长在第11周周一之前将决赛安排表交给教研室。 ③评审小组组长组织本组评委在第14周五之前结束本组的听评课结束活动并将评议记录、评比结果及上课教师的相关材料汇总报送教务处、教研室。 ④评审组成员全程参与听课，科组成员必须听本科组成员的课并做好记录
四、上课、评课标准：参见评分表

续表

____中学_____学年___学期"青优课"活动方案
五、注意事项 1.各科组应充分认识比赛的重要意义，把比赛作为培养青年教师的一个契机，结合校本培训和校本教研，保证全体符合参赛条件的教师参与比赛。 2."青优课"比赛是为每位教师提供发展和表现机会的平台，任何人不得以任何理由剥夺教师的参与权；因此，未经比赛而直接指派或以简单的方式举荐出来的选手，将取消决赛资格。任何人不得无故放弃比赛。 3.教师讲课要贯彻课程改革精神，体现课程标准新理念，敢于突破，大胆创新，要有独特的风格。要注重教师教学方式和学生学习方式的转变。 4.评委应本着公平、公正的原则。 5.本方案最终解释权归学校教学发展中心及教师发展中心，如有异议请与教研室联系 　　　　　　　　　　　　　　　____中学教学发展中心、教师发展中心 　　　　　　　　　　　　　　　　　　　_____年___月___日

4. 骨干教师示范课活动

骨干教师示范课与青年教师优质课两项竞赛活动是相互依托、相互补充的，"青优课"展示的是一所学校青年教师的教学能力等方面的综合素养，主要面向40岁以下的教师群体。而骨干教师示范课则是为展示一所学校的名师、骨干教师而搭建的平台，其主要目的在于通过名师、骨干教师的课堂教学活动，对学校教师的专业成长起到示范引领作用，也对学校的课堂教学改革起到积极的推动作用。这个活动不限年龄，只要是在教学领域有独到研究的名师、骨干教师均可以纳入讲授示范课的教师范围；但在同等条件下应更多地考虑35岁以上的教师，这能更好地与"青优课"活动形成互补，让更多的教师获得展示、成长的平台。这个活动也可以放开学科的限制，学科发展好的可以安排更多的教师；但尽可能考虑到学科的均衡性，在一个周期内（如三年）要让所有学科都得到展示的机会。总体而言，既要考虑到名师的示范、引领作用，又要考虑到对校内教师的激励作用。

下面是学校骨干教师示范课活动方案示例（表4-7）。

表4–7

____中学骨干教师示范课活动方案
一、活动宗旨 本次活动目的在于通过骨干教师的示范课教学展示活动，充分发挥学校各学科骨干教师的示范和引领作用，引导全校教师运用"学案导学"模式，研究课堂、课型，牢牢抓住课堂教学主渠道，提高教学效益，提升教学质量
二、活动安排 贯串整个学年，语文、数学、英语三大科每科选派两名骨干教师，政治、历史、地理、物理、化学、生物六科各选派一名骨干教师。上学期安排语文、数学、英语、物理、化学、生物六个学科各一名骨干教师上示范课，下学期安排语文、数学、英语、政治、历史、地理六个学科各一名骨干教师上示范课
三、参与对象 各学科选派骨干教师上课，全校当节课无课的教师参与听课
四、活动准备 1. 教研室制定活动方案，并知会科组长。 2. 各学科进行上课教师选拔。 3. 教研室制定到会登记表等。 4. 安排人员录像以及进行新闻报道。 5. 上课教师提前定好主题，将上课时间、地点等告知教研室，教研室提前向全校下发通知
五、活动要求 1. 由教研室统一安排科组骨干教师示范课时间表。 2. 授课教师要精心准备导学案、教学课件等材料。 3. 授课教师要尽可能使用多媒体教学，发挥现代教育手段在提高课堂教学效益中的辅助作用。 4. 授课教师要运用"学案导学"模式上课，在教学中应呈现新课程理念的教育思想和方法。 5. 全校教师每学期听骨干教师示范课不少于3节，学校将进行汇总反馈。 6. 每学期活动结束后教研室必须对示范课活动进行总结，对授课教师进行表彰
_____中学教研室 _____年___月___日

5. 同课异构活动

（1）同课异构的含义。

所谓同课异构是指同一节课的内容由不同教师根据自己的实际、自己的理解，自己备课并上课。由于教师不同，所备所上的课的结构、风格、所采取的教学方法和策略各有不同，这就构成了同一内容用不同的风格、方法、策略进行教学的课。同课异构就是根据学生实际、现有的教学条件和教师自身的特点，进行的不同的教学设计。同课异构教学研讨为教师提供了一个面对面交流互动的平台。在这个平台中，教师共同探讨教学中的热点、难点问题，探讨教学的艺术，交流彼此的经验，共享成功的喜悦。多维的角度、迥异的风格、不同的策略在交流中碰撞、升华。这种多层面，全方位的合作、探讨，可以整体提升教师的教学教研水平，提高教学质量。

新课程理念下，教材更具开放性，同课异构要求教师精心研究教材，潜心钻研教法和学法，以便各显风采，各具特色，为集体研讨提供良好的研究平台。它是教师提高教学水平和教学能力、总结教学经验的一条有效途径。同课异构不仅让我们清楚地看到不同教师对同一教材内容的不同处理，不同的教学策略，迥异的教学风格所产生了不同教学效果，并由此打开了教师的教学思路，有利于教师更深入地理解教材，改变教学方式，形成教学风格，进而提高教学质量。

（2）同课异构的意义。

同课异构活动具有重要的意义，从行动研究方法的角度来看，同课异构是在课程改革的新形势下提升教学质量和教师专业素质的一种行之有效的校本教研方式。它使不同教师执教同一课题，让每一位教师参与听课、评课等教研，促进教师与教师之间在互相交流中产生有益的互促共进作用，通过这种教研活动，可以发现哪种教学结构更为有效，更能促进学生积极主动学习，并可以在每一次教学的基础上，思考一些令听课教师深有感触的地方及其效果，细究其深层的教育蕴含，品味其得失，剖析其不足之处，然后对这些细节进行重新设计使之更加完善。从同课异构的意义来看，同课异构是不同的教师个体或群体就同一教学内容，根据学生实际、现实的教学条件，立足于教师自身的特点和教学经验，遵循教育教学的科学规律，在同伴的帮助之下，进行不同的教学设计并付诸实践，从而发现问题、解决问题，最终优化课堂教学，使自己对课堂教学的认识、对教学规律的把握经历一个不断的、螺旋式上升的"认识—实践—再认识—再实践"的认知优化与重组的建构过程。从词义分析的角度来看，同课异构的"同"是指同一教材的同一文本和教师对教材文本的解读相同，都忠实于文本；"异"既指不同教师的不同教学方法，又指教师在"同"的前提下，结合学生的认知规律，选取一定的角度构建教学过程。但无论选取哪个角度，采用何种方法，教学目标都是殊途同归的，都是引导学生运用一定的思维方法去正确解读文本，最终达到训练思维、培养能力的目的。在同课异构中，"同课"是基础，"异构"是发展。"构"是核心，是灵魂；"异"则强调变化和发展。同课异构的课堂面对的学生群体其身心特点和知识水平大致相同，要尊重的教学规律大致也是相同的。"异构"包括文本解读上的异、教学资源利用上的异、教学设计与构思上的异、教学方法上的异、教学风格上的异等。

（3）同课异构的价值。

就同课异构的价值而言，首先是从课堂教研的角度来看，其一，把课堂作为教学研究的实验室，有利于克服个性化的课堂存在的弊端，给教师提供了一个参照和比较，引发参与者智慧的碰撞，长善救失，取长补短，可以明显地提高教研教学效果。其二，有效地促进参与者的思想交流，理解新课程的理念，把握新教材的教法，最终有力地促进了课堂教学质量的提高。其三，同课异构展现了教师不同的教学呈现方式，以及对教材的不同处理等，可以检验教学方法的有效性。在此基础上，不同的教学理念、方法、策略，在多层面和多方位的交流中碰撞、升华中也促进教师持续性的专业发展，提升其教学质量。其次，从教师专业发展的角度看，同课异构有利于提高教师素质，促进教师专业成长。同课异构实现了教师间的"合力效应"，促成教师间的知识共振、信息共振、心理共振。同课异构中也会不断地发现问题，教师的课堂教学水平、课堂教学智慧在不断地解决问题的过程中逐步提高。教师专业成长最快的途径之一就是要寻找最近发展区的资源，尤其是与优秀教师合作备课、听课、评课，同伴的提示、建议都可能会使自己的教学行为和习惯以至教学品质和境界得到提高，起到"催熟剂"的作用。总之，同课异构促使教研回归到课堂教学、回归到教师生活中，凸显学生的生活，彰显教师的才情。学、思、研、教合而为一，不断构建一种"和合共赢"的教研文化。它有利于促进参与者教学水平的提高，它由单一封闭的个人研究模式转向多维互动的群体研究模式。这种对教学活动的多角度、全方位思考，使所有参与者在观点的交锋、思维的碰撞中，取长补短，得到共同的发展。最后从学生层面来看，同课异构有利于促进学生的多元发展。它是一种由以教材教法为中心的文本教研转向以师生共同发展以中心的人本教研。它的终极目标之一是优化课堂教学，激发学生知情意行，生成学习活力，释放学习潜能，切实提高课堂教学效益。同课异构尊重不同教师之间的个体教学差异。借助这一平台，教师不同的教学个性、教学理念、思考角度、挖掘深度、教学活动的不可预知性等因素导致的教学差异可以得到更好地体现，这不仅反映出不同教师根据各自理解做出的具体教学行为的差异，更体现出对教师差异的尊重，鼓励每位教师开展基于自己的教育理念和教学环境差异产生的构想，开展变化而又充满智慧的教学实践，彰显教师作为社会人的价值。

毋庸讳言，校本教研是学校教育教学得以顺利发展的立足点，但如果仅限于此，难免坐井观天。唯有通过与其他学校的教学行为碰撞，才能更好地看到自身的优势与不足，从而找到改进的基点和方向。所以在推进课堂教学改革活动过程中要不断地寻找来自校外的"刺激点"，而与外校开展同课异构是一种很好的方法与思路。一般而言，同课异构简而言之是指多位教师对同一教学内容采用不同的教学思路、进行不同的教学设计。基于教师对课程内容不同的个性解读，体现出同一课程的教学目标、教学过程、教学手段和课堂文化的不同特色。再通过互相观摩和学习，关注他人的闪光点，反思自己教学中的不足，从而实现教研活动中的"教学相长"，促进参与活动的教师教学能力的提高。通过这种活动能很好地激活教师的思维，调动教师个体，甚至是整个教研组开展教学研究的积极性，从而使教研活动拓宽广度、走向深度、提升精度。同课异构活动应覆盖学校的所有教研组，要让全体教师参与其中；要充分调动全体教研组成员的积极性，主动寻求与他校同课异构的机会；学校要从平台搭建、资源提供、后勤保障等各个方面做好各项工作，从而确保此类活动成为学校的常态性工作。

下面是学校开展同课异构活动的管理方案示例（表4-8）。

表4-8

_____中学"同课异构"管理办法
为了进一步全面提高教育教学质量，深化高中新课程改革，提高课堂教学效率，构建高效课堂，促进教师专业成长，给教师一个展示自我的平台，发挥优秀教师的引领示范作用，我校全面铺开同课异构的教学范式。为使同课异构活动取得实效，真正有助于教师的更快更好地成长，特拟定如下管理办法
一、指导思想 以课堂教学的有效性为中心，尊重教育教学规律，着力改进教法和学法，使课堂充分体现有效教学的理念，夯实学生基础知识、基本技能，重视培养学生创新精神，引导全体教师积极参与教育教学研究，培养和打造一批教学基本功过硬，教学有特色的研究型教师，科学有效地提高教学质量
二、目的意义 开展同课异构活动，是让不同的教师面对相同的教学内容，根据自己的生活经历、知识背景、情感体验，学生的认知水平、接受能力和学科教学的规律，采取不同的教学方法和策略，呈现出不同风格的课堂教学形式，让教师之间实现思维碰撞，提升教研水平，提高创新意识，加速教师的专业成长，从而不断优化教学，提高课堂教学效益。 开展同课异构活动，有利于教师更新教学理念、创新教学模式、推进课程改革、提升教学效益

续表

_____中学"同课异构"管理办法
三、工作思路 开展同课异构教学活动，应着力应用比较研究的方法看待"同"中之"异"，侧重点是研究之"异"。关注"同课"之中的"异构"在何处，各种"异构"在课堂教学中的效果如何，还存在着什么问题，怎样解决这些问题。开展同课异构教学活动，要做到四个结合，与学校教学常规要求相结合，与学科集体备课活动相结合，与校本教研相结合，与问题研究相结合。通过活动，加强全体教师对教学内容处理、教学方法选择、教学流程设计、教学媒体使用等方面的关注程度，为深入探讨课堂教学的有效性储备思想认知和典型案例。 我们使同课异构课成为我校的常态课，不仅在校内备课组、科组之间开展，还把同课异构课延伸到校外，使之成为与外校交流的一种方式，有力地促进不同层次学校教师之间的教学思维的碰撞，促进彼此的专业成长

四、实施过程

1.活动通知

学校根据校内计划安排或者与兄弟学校沟通后确定校内或校际同课异构课，提前一周左右发出研讨课通知，并通知授课教师做好准备。

如果与兄弟学校进行同课异构活动，学校教研室要预先与兄弟学校相关领导协商沟通，提前发出同课异构活动函。

2.教学设计撰写

首先，备课组要充分讨论，对课程内容的重点、难点把握，课堂节奏、策略的运用，预设与生成的设想，学生接受的可能性等多方面进行详细周密地讨论，再确立教学设计。授课教师进行二度备课，根据自己对教材的把握和学生情况，写出自己独具特色的教学设计，制作教学课件，之后，把教学设计提前发给备课组教师，请他们提出修改意见，再进行修改。教学设计以导学案形式呈现。做到实效优先，兼顾风格。

3.上课

上课是很关键的一个环节。教师在原则上要使用多媒体教学，但切不可把多媒体当成是自己教学的黑板。在上课时，要以学生为核心，沉着冷静，随机应变，把自己扎实的基本功充分展示出来。

开展同课异构活动，要安排相关的教师录像、摄影，科组要把影像资料保存好，作为科组教研活动的档案资料。

_____中学"同课异构"管理办法
4.评课 上完课后，集中组织教师评课，首先让上课教师说课或者做课后小结，要做到简明扼要，然后本科组、备课组或兄弟学校的教师进行互动评课。评课的宗旨：批判性地吸收。评课要有专人记录。要求：评课要简练，不可重复别人的观点，每个人说出上课教师的一个优点和至少一个不足之处，不可敷衍或做"好好先生"，教学领导进行专门点评，注意过程内容完整，评点内容翔实，一针见血，最后总结出值得借鉴的方法和经验。 5.教学反思撰写 每一次同课异构活动就是一次尝试、一次提高。有尝试、有比较、有反思才能有提高。课后，每位授课教师要写出教学反思，为撰写教学案例积累材料，也作为教研组活动的资料 通过每位教师经常性的教学反思，可以吸取更多的经验，总结失误的教训，以更前沿的眼光、以新课程的理念审视自己的教学，反思自己的教学行为，提出新的问题，找到新的研究方向，真正促进自己的专业成长。 如果开展校际同课异构活动，科组层面要进行深入反思，写好总结。 教学反思和科组总结要把电子版和纸质版在一周内上交给教研室。 6.宣传 开展同课异构的科组要及时提供相关的开展状况资料、影像资料等给_____老师用于写新闻报道
五、本活动解释权归学校教研室
_____中学教研室 _____年____月____日

6. 同课同构活动

作为一种常用的教研方式，同课异构具有显著的作用，这也是其长期以来得以长盛不衰的原因。但不可否认，这种教学活动模式也存在着一些不容忽视的问题。通常的同课异构的两节课或多节课，是由两位或多位教师在不同的教研组团体辅助下各自独立完成的，有时会产生过强的竞争行为，教师之间总免不了要"一较高下"和"优劣对比"，有时可能会挫伤上课教师的积极性。辅助上课教师的教研组团队在课前"磨课"过程中往往不能以亲历者的视角来看待课堂教学中的各种问题，教研组团队其他教师和上课教师总是分歧多多，而这些分歧的"是非"往往并不是那么分明，导致上课教师难免要经历"特别折磨人"的"磨课"过程。大多数教师在上完这样的同课异构后总是有"经历了一场磨难""往事不堪回首"的感受，这也是很多教师不喜欢上公开课、研讨课的重要原因。在问题导向下的课堂教学推进过程中，也非常注重另一项课堂教学研究活动，那就是同课同构。

（1）同课同构的含义。

所谓同课同构是指两位（或两位以上）的教师共同备一节课，并在同一个班级（或同一个学生群体）上课。由此可以看出，两位同上一节课的教师是相互协作的关系，在备课时，两位教师以相同的身份针对共同的教学课题，进行集体备课，这让两位教师的教学资源、教学理念、教学思路在充分讨论的基础上得到整合，确定统一的学习目标、学习重点难点、教学方法和手段等，形成统一的教学设计，使用共同的教案、多媒体课件等，由不同的教师根据个人素养，用不同的教学风格进行教学。

具体而言，"同课"指相同的教学内容，基本的教学流程，大同小异的教学课件，运用一定的方法，完成既定的教学目标。

"同构"指共享一份教学设计和多媒体课件，依据教师各自的教学风格、教学魅力、自身素养、教学习惯等，对教学目标的合理定位，产生不同的教学效果。

同课同构指同一个教研组内的不同教师在集体备课的基础上，对同一教学内容，采用相同的教学设备、相同或相似的课件，甚至是相同的板书执教。在实践中它对比性强，对于共同环节存在的问题更易于教师相互学习与改进。

由于都是站在"感同身受"的角度进行思想交流，同课同构的授课教师进行集体备课时往往更细致、更充分、更有深度、更有效度，对教师教学能力的提高促进作用也更明显。不同的教师，总是各有所长，在"同课"的过程中，各自发挥自身的优势，让公开课更具有"优课"的基本属性。同课同构的授课教师相互协作，在精神上相互支持和依赖，有效地减少了上公开课的焦虑情绪，对上课教师的专业成长有更好的促进作用和对听课教师产生的引领作用。

（2）同课同构活动的流程。

同课同构课堂教学研究活动遵循以下的一般流程：首先教师个体对教材进行学习与钻研—年级学科组教师在一起研课，同伴教师进行组内审议—教师个体再进行"二度教学设计"、实施上课—同伴教师通过听课，评课，在交流中反思，在反思中完善。整个流程和问题导向下的学校教研流程基本一致，并不会让教师产生太大的陌生感。这种活动更像是一种专题（主题）研究，只不过其是通过一定范围内的群体合作来完成。

（3）同课同构提出的原因。

同课同构不仅在备课上优化了资源，而且在课堂实施和课后反思上发挥了很好的功效。新课程标准实施以来，教师的教学思想、教学理念、教学行为都发生了巨大的变化，课堂教学的"教"与"学"也由形式上的模仿发展到本质上的创新，课堂教学正在从新课程的"形似"向"神似"转变。在课堂教学发生质的变化的同时，自然也产生了不少的困惑与问题，这些困惑与问题，单靠教师个体解决难以取得理想的效果，这会阻碍课堂教学的发展和深化。同时在集体备课中，通过对教学设计的共同研究，会使教师在交流中发现和把握适合不同教学内容的教学方法，能够及时发现平时教学中一些低效甚至无效的教学方式，使教师在交流中顿悟，快捷地提高课堂教学有效性。同课同构活动能让教师对课堂教学中共同关注的问题更加关注，在进行理论层面的研讨与交流的同时更加注重课堂教学实践的检验与探索，它要求教师在新知学习中做到统一教学内容、采用相同的教学设计、相同或相似的课件，甚至是相同的板书进行备课以及执教。使集体备课的资源实现共享，在教学工作进行中时刻优化教研、教学活动，使教师在教学的认知、行为上向科学合理的方向转化，切实体现"合作、探究、创新、奋进"和以人为本的精神，促进教学相长。同课同构也让教师逐步认识到，虽然是"同构"，有着共同的设计和教学手段，但无论是学生还是教师都存在着差异，同课同构就是从"同"中找出"异"，通过对"异"的研究，相互补充、相互完善，从而使同课同构这种教学模式更好地为教学服务，使课堂教学不断正向发展和深化，从而更加显著地提升教学效果。同课同构还在传达着一种新的教育理念，使教师在同课同构的过程中互相学习、引发智慧和思维的碰撞，在碰撞中实践，在实践中反思，在反思中达成，在达成中分享，在分享中成长。教学在不断地实践和体验中得到升华，共同构出精彩而有效的课堂。

（4）同课同构的意义。

同课同构就是针对共同的教学课题，进行集体备课，让不同教师的教学资源、教学理念、教学思路在充分讨论的基础上得到整合，确定统一的教学目标、重点难点、教学方法和手段，形成统一的教学设计，使用共同的教案、多媒体课件等，由不同的教师根据个人素养及对问题的理解把握，用不同的教学风格实施教学。

同课同构在教研中要求听课教师对不同授课教师在相同教学环节下的共性状态关注，对不同的引导语言、启发方式、激励手段及学生的课堂表现等情况进行记录，课后根据记录进行审视和比较分析，总结出最佳的课堂教学调控机制，完善教学内容，创新教学方法，并在新的班级或新学年的教学中，根据学生的实际情况改进使用。

（5）同课同构追求的目标。

① 善研——能融合集体智慧，从教学实际出发有效地设计"同构"教案。

② 善教——能灵活实施教学设计，及时把握生成，有一定的课堂驾驭能力。

③ 善思——能针对不同的课堂教学行为，敏锐发现其中的教学问题，并进行有效反思。

④ 善说——能运用一定的理论进行点评，与同伴会心交流。

⑤ 善写——能总结教学得失，写出有一定质量的教学反思并回馈于课堂。

（6）同课同构的优势。

① 能集众人之智慧——备课。

同课同构必须做好集体备课，因为同课同构就是指同一备课组内的不同教师在集体备课的基础上，对同一教学内容，采用相同的教学设计、相同的课件，甚至是相同的板书进行执教。共同的内容与环节要集众人的智慧最大化的优化，因此同一备课组的成员必须人人认真对待、用心对待、坦诚对待，毫无保留的研究策划，这样才会促进教学相长。

② 能展个人之风采——上课。

21世纪的社会呼唤富有个性和创造性的人才。苏霍姆林斯基曾说过："一个无任何特色的教师，他教育的学生不会有任何特色。"每个教师都有自己的教学特色，在语言表达、课堂组织调控、评价手段及处理突发事件的应变能力等方面都有着不同程度的差异。虽然使用同样的设计、同样的教学手段，但是在不同教师的演绎下，会产生不一样的效果。教师良好的教学个性和鲜明的教学特色，能充分地调动学生的学习主动性，有效地促进学生个性的自由发展，再加上优秀的合理设计，使得同课同构的课堂更具个人魅力。

③ 能聚集体之精华——反思。

对于教师而言，进行教学反思主要指教师以自己的教学活动过程为思考对象，对自己所作出的某种教学行为、决策以及由此所产生的结果进行审视和分析，这也是一种通过提高教师自我觉察水平来促进教学监控能力发展，提升教师专业素质的重要手段和途径。同样的教学设计，不同的课堂，不思考的教师易随教案牵引，而优秀的教师则能根据学情适时调整。因此，在教研之后，深入反思教学目标达成情况，反思师生课堂表现，反思"同"字背后反映的差异，教师可以从中看到差异背后体现的不同的教学思想和教学"功夫"，并从中领悟教学的真谛。这是促进教师成长，值得教师细细品味的宝贵"资源"。

④ "同"中有"异"，能及时准确地、更好地评价学生，关注教师。

同样的教学设计，不同的学生接纳知识的水准也不一样。美国教育心理学家奥苏贝尔说过："影响学习的最重要因素是学生已经知道了什么，我们应当根据学生原有的知识状况去教学。"如何使我们能时刻准确的把握好学生的学习起点，在学生原有认知水平上组织及展开学习活动呢？同课同构搭建了很好的平台，在教研中通过同样的教学内容、设计、方法，来对比他班学生的学习状态，研究自己班学生的学习策略，使得关注自己班的每一层次的学生的学习状态落在实处，让评价更准确，让教学方法更恰当，更科学。

很多教师在成长的过程中，都曾刻意模仿过师傅或名师的教学风格，从教学语言、过程设计，甚至动作，但课堂教学效果却令人沮丧，并没有出现自己想要的那种生机勃勃的场面。"画虎不成反类犬"这一现象引出一个重要思考：同一教学内容，同一教学设计，同一教学目标，为何不同的教师实施起来效果与目标达成度却相差甚远呢？原因在于其中的不同因素——教师之间的差异。同课同构就让我们关注教师间的差异，搭建平台让教师在研讨中直接对话，共商教学中的问题，集大家智慧把不同个性的教师教学风格演绎总结出来，不仅进行理论层面的研讨与交流，更进行实践检验与探索，在研讨中相互提醒、相互促进、相互学习，共同提高。因此同课同构的课堂教学，从最初的构思到最后框架的确定，从每个教师个性化的设计到凝聚着全体教师智慧结晶的最终方案，每一位教师都积极参与其中，通过备课、议课、磨课，实现真正的研课。这期间没有旁观者，这样的研讨会让每一位教师都能准确地改进教学策略，优化自我的教学方法，提升自身的教学水平。

⑤ 同课同构能发挥点评与反思的最佳功效。

"你有一种思想，我有一种思想，交换后每人有两种思想。"同课同构活动中的相互听课、评课、反思就是一个体验和感悟的过程。它能让教师在互动中思考同是一节课，结构都一样，听的过程中我学什么？同是一节课，结构都一样，差别只在任课教师和学生上，我跟他人比什么？同是一节课，结构都一样，我去评什么？带着这样的思考走进研讨，才会在研讨中形成思维碰撞，产生新的教学思想，才会在质疑中积极反思自己的教学行为，在后面的教学中长善救失，取长补短，形成更有效的教学策略，从而达成高效课堂的喜人成果。确保教师在成长中成熟，在成熟中成为专家型的教师。

三、反馈评价

问题导向下的课堂教学一经推开，便需要全校上下形成课改合力，其在推进过程中既要有学校层面的设计与培训，亦需各职能部门的指导落实，还需各级、各层面的全力配合。必须承认，任何一项改变都可能会让一些人觉得别扭，按照习惯行事是一种最能偷懒的方式。课堂教学改革最大的阻力往往不是来自外在，而是来自校内的教师个体或群体。起初可能是极个别的教师会有显性的抗拒行为，这往往不为很多人所关注。但表面的总体平静背后恰恰可能是暗流涌动，不少教师表面冷眼旁观而内心跃跃欲试，随时可能加入回归传统课堂的大军。为保证课堂教学改革的顺利推进，必须保证评价机制的配套跟进，而且这种配套跟进可能需要比较强制性的措施。否则很可能让课堂教学改革胎死腹中，最终回归到传统教学的老路上来。

从学校层面来说，首先要给课堂教学改革以坚定的信心，决不能因可能存在的片言碎语而动摇，也决不能因可能存在的成绩的短时不理想而改变初衷。学校要深知，任何一项改革都是在摸索中前行，必然会走一些弯路，也可能会在前行的路上跌倒，但所有这些都是改革所必须走的路。学校要做的是坚定全校教师的决心，不断注入前行的勇气和力量。还要不断给教师提供外出学习的机会，在与他人的碰撞交流中让教师获得努力和改进的方向。更要不断修订各项改革的配套制度，使之更加合理完善，为改革提供可靠的保障。

作为各职能部门来说，首先就是要明晰各阶段的任务，制订具体推进的方案，最为关键的是要有强有力的执行力，要通过具体的措施来确保各项任务顺利推进。但说一千道一万，问题导向下的课堂教学改革取得的成效如何，最终还是表现在教师和学生两个维度上。因而，要想评价课改效果如何，最终还是要有针对教师和学生的切实可行的评价策略。

（一）教师层面

问题导向下的课堂教学改革必须认真思考如何对教师评价的问题，因为这是课堂教学改革取得成功的关键，同时也因为评价对课改起着导向和质量监控的作用，评价的方式方法是影响课程培养目标实现的关键因素之一。长期以来，学校对教师的评价都是质性的、终端性的评价，这种评价机制因其评价方式的单一、片面不客观、生硬缺乏人文关怀等因素而饱受诟病。毋庸置疑，一项改革的推进必须有比较强制的措施，但这更多地是指对改革过程的顽固阻力而言，对改革的绝大多数参与者，必须有更为科学合理的、具有人文气息的评价机制。这可从以下几个方面着手。

1. 重视教师专业成长和发展

新一轮课程改革倡导"立足过去，促进发展"的课程评价，教师是课堂教学的实施者，承担着促进学生发展、学校发展的重任，教师的素质和专业发展是改革的关键。因此，促进教师专业发展的评价方式尤为重要，根据最近发展区理论，学校对教师的评价应立足于使其能在原有水平的基础上获得更好的成长和发展。

（1）制订教师专业发展规划。

一位教师必须有明晰的成长方向及发展目标才有可能发展得更好，同时这也是新一轮课堂教学改革的必然要求。为达成这一目标，学校应通过了解教师的主观意愿、教学水平、性格特点以及爱好特长等，帮助每位教师制定三年，甚至五年专业发展规划。这个计划必须有明确的各阶段目标、计划得以实施的具体策略等，或规划能在教师的自觉成长及学校的督促之下得以顺利实施。唯有如此，才能使教师认真分析自己，使教师有专业发展的紧迫感，用规划来指导和监控自己。为使教师专业发展规划的制定更加科学合理，学校一方面可加大校级层面的培训，聘请专家进行专业指导，另一方面也可强调学科教研组和年级组的相关培训，严格把好质量关。更为重要的是要定时、定人对教师的专业发展进程进行跟踪评价，一旦出现问题，要及时提醒、警示，甚至采取必要的勒令整改措施。

（2）制定适合教师专业发展的评价方案。

传统的评价方式更多的是终端评价，最常用的办法就是通过指标的考量，采用年终考评与奖惩挂钩的制度。这种评价机制在一定程度上可使任务目标得到达成，但也难免使评价陷入世俗功利之境，而且从长远来看，一味地通过外在的刺激促进教师专业成长的做法很难真正起到提供持续动力的作用。基于此，为使评价机制真正提升效能，学校可把教师评价分为基础评价和发展评价两部分。基础部分包括教师的思想素质、业务能力以及应该完成的工作量和完成情况等。发展评价部分分为两个方面：一是学校推出个性化的培训计划，便于不同类型的教师根据自身的条件和需求进行选择，最后学校采用"菜单式"的考试方法，让教师在诸多考核内容中选择自己的强项参评，最终实现特色发展；二是给不同阶段、不同水平的教师不同的任务，各项任务完成后，考核小组和评估小组进行考核评估，对该教师的专业发展做出全面的评价，供年终考核参考。

2. 强调质性评价

教师的工作不是标准化的批量生产，不能按照统一的模式进行。教师职业所含的创造性、伦理性是很难用量化的标准去评判的。因此，与新课改相适应的评价必须要重视质性评价，把教师的教学研究、教改实验、创造性教学引入考评内容，以全面、深入、真实地再现教师的工作特点和发展趋势，使教师的专业素养得以发展。这可从以下几个方面开展工作。

（1）撰写教学日记。

教师的成长就是在不断实践与反思中实现的。借助教学日记展现教师的日常教学生活，以一种自由撰写的方式将其教学所见、所闻、所思、所感记录下来。教师通过撰写教学日记，既可以回顾和反思日常的（尤其是课堂教学的）教育教学情境，在不断回顾和反思的过程中，教师将更加深入了解学生的问题，从多个角度来认识教育中的特殊现象，了解并找到最适合自己的教学方式，从而提高自己的教学水平。更为重要的是通过让教师撰写教学日记的方式让教师养成良好的整理与思考的习惯，这是任何一名教师走向优秀的必经之路，其无论是对教师的专业成长，还是对学校的长远发展都具有重要的价值和意义。因此，学校在推进问题导向下的课堂教学改革过程中必须克服种种的阻力，要求教师定期撰写（可每月撰写一篇）教学日记，并将其作为课堂教学改革的重要任务和考量标准推进落实。

（2）建立教师成长档案袋。

问题导向下的课堂教学改革的最终目标是促进教师的发展。该目标期望每一位参与课堂教学改革的教师收获成功的喜悦和成长的快乐。但现实是不少的教师往往因成效的不明显而产生挫败感，这有方方面面的原因，其中一个就是见不到显性的材料。建立教师的成长档案可在一定程度上解决这个问题，它也应该被视为学校的重要精神财富。在教师成长档案中可以装入教师某些课题的设计、课堂的进程、学生作业、专题会议材料、教学反思等；教研成果方面可装有教师的优秀教案、教学日记、论文、获奖证书、参加重要活动的资料及总结、报道材料等。通过教师成长档案袋，教师能全面了解自己，明确下一步的方向，可帮助教师获得校方认可，也可使学校在对教师的考核中做出准确、全面、公正的评价。

（3）其他方式。

教师评价的手段可以是多样的。例如"背靠背"式的座谈会、学生开放性问卷调查、教师的自我评价以及专题调查等，都能够使定性评价和定量评价结合，使评价充分体现每一位教师的教育个性，帮助教师不断进行教育反思，提高教师评价的效果。

（二）学生层面

《小学教学新课程标准》在基本理念中明确指出："评价的主要目的是为了全面了解学生的学习历程，激励学生学习和改进教师的教学；应建立评价目标多元、评价方法多样的评价体系。"这是对新课程评价的总体描述，准确理解这些评价理念，并在教学过程中加以落实，是保证新课程有效实施的重要环节。新课程的实施要求有相应的评价方式，这是不同于以往的、与新的课程内容和教学方式相匹配的评价方式。过去的那种片面强调结果不重过程的、形式的、单一的评价机制，忽视对学生的情志、态度以及个性差异的关注。而新一轮课程改革倡导的是"立足过程，促进发展"的课程评价，也就是说对学生学习的评价要在重视结果的同时更加关注学习的过程；在关注学生学习水平的同时更加关注他们在不同场合表现出来的情志与态度，帮助学生认识自我，建立学习的信心。换言之，就是要在重视终结性评价的同时更加注重对学生的过程形成性评价，要确立以形成性评价为主，终结性评价为辅的评价机制。随着新一轮课堂教学改革的推进，越来越多的专家学者及一线教师逐渐开始重视对形成性评价的研究，但在教师如何为学生提供反馈信息，并进行更为有效的评价等相关问题上却仍然存在不少的缺憾。

1. 形成性评价的含义

形成性评价随着新课程理念及新一轮课改的展开而逐渐受到教师的青睐，广大教师在渐进的理解与教学实践中逐步将其融入课堂教学。在这种评价体系下，对学生的评价除了关注学业水平之外，更加关注学生学习过程中智能、态度以及兴趣、爱好的培养和学习潜能的挖掘，这也是形成性评价的重点和意旨。

2. 形成性评价中有效反馈的特征

在形成性评价的发展过程中，其概念越来越被用于特指在教学过程中发生的反馈，而不是在教学过程之后。反馈的主要目的是缩小学生当前学习水平和预期目标之间的差距。为了达到这个目的，反馈必须回答师生提出的三个问题：我要去哪里？即我的目标是什么。我现在在哪里？即我已取得了哪些进步。我接着要去哪里？即为了取得更大的进步，我要采取哪些行动。在开展教学评价的同时，科学地把评价信息及时、有效地反馈给学生，这对教学的主客体都非常重要。一般来说，有效反馈具有以下特征。

（1）描述性。

在终结性评价中，反馈信息的作用是帮助学生知道他们是否达到了学习目标。反馈信息并没有指出学生哪些方面做得好、哪些方面还存在不足，也没有给出学生如何改正错误的具体建议。相比之下，在形成性评价中，反馈是根据已设定的学习目标提出描述性而不是判断性的信息。这种反馈会避免单纯只给分数而罔顾其他的问题，会避免学习过程已经结束的暗示。描述性反馈关注要达到的学习目标，要指出学生做得好的地方和需要改进的地方，并对学生如何达成目标提出具体建议。这能让学生更加清晰地看到自己的问题，并能根据教师的信息指令采取针对性的改进策略。

（2）积极性。

新课程理念告诉我们："对评价结果的处理不是不断地采取否定的方式，而是要朝肯定、积极的方向引导。"积极的反馈并不是说当学生作业做得不好的时候还要坚持说他做得不错，而是要反映出学生做得好的地方是怎样符合目标要求的，即是要告知学生好之所以好，差之所以差，好与其付出的努力密不可分，这是一种必然而非偶然，更非侥幸所得。积极的反馈还意味着教师应当选择恰当的话语表达对学生及其作业的尊重，不要提供使学生泄气或伤害他们自尊心的反馈信息。但需要注意的是，教师也不能滥用"表扬性反馈"。过多的表扬性反馈会使学生注意力集中于自己已经取得的成功上，进而忽视集体的学习目标和学习效果。

（3）具体性。

在给学生反馈信息时，教师应尽可能地避免情绪（尤其是消极情绪）的过多介入，应尽可能给学生提供理性客观的诊断分析。教师在给学生信息的反馈过程中，应着力于在对问题的阐述与分析（如重点分析教师给出的题目，重点分析学生的答案，讨论具体的错误，提供参考范例，提供指导意见等），这能让学生获得结果与之前的经历之间的关联，建立一种良好的理性思维方式，但也容易使学生陷入自责的泥潭中。更为有效的反馈还应更加着眼于学生未来的努力与发展，这需要给学生提供前行的建议，即在告知学生为什么错，为什么对的同时，还要告诉学生如何做才能规避错误，怎样做才能取得更好的成效。

3. 有效反馈的策略

教师只有将反馈信息有效地传递给学生，才能促进学生的学习效率的提高。

（1）确定提供反馈的时间。

学习内容的不同决定学生所需获得的反馈时间存在差异，当学生学习基础性内容时，他们需要获得的是即时的对错反馈信息；而对于需要较长时间才能达到目标的学习内容，教师要在观察了解学生处理具体问题的方法后再做出反馈，这会帮助教师对学生后续的学习提出建议。教师确定反馈时机的一般原则在于：把自己放在学生的位置上，设身处地地考虑学生何时想听到反馈。

（2）提供反馈的信息量。

一旦确定给学生提供反馈的时间，教师就要考虑如何才能给学生反馈恰如其分的信息量，如果教师反馈的信息太多，则可能掩盖重要信息。因此，反馈的信息并不是越多越好，教师要勤于换位思考，掌握学生的实际情况，如学生已达到哪些方面学习目标、哪些还未达到，同时要考虑到学生客观的进步能力。对于需要详细反馈的信息，教师可以采用部分提供方式。只有这样，反馈的信息才不会由于过于庞杂而导致失效。而且，这种渐进式的反馈还可以帮助学生控制错误的出现频率，并获得足够的信息去纠正自己的错误。

（3）选择恰当的反馈方式。

教师向学生提供反馈信息的方式是多种多样的。有些情况适合书面反馈,有些情况适合口头反馈,还有些情况适合教师亲身示范。此外,与学生交流有助于达到最好的反馈效果。同时,教师也需要考虑是选择个别反馈还是集体反馈。个别反馈能使特定学生觉得教师重视他的学习,而集体反馈则能让更多的学生接收到反馈信息。反馈方式的差异决定了学生接收反馈信息的差异,只有选择切合身心特点的反馈方式才能真正触动学生的心灵。

注重评价的过程性是现代课堂教学评价的一个基本特征,反馈是形成性评价的基本组成部分,也是影响形成性评价效果的关键性因素。教师了解有效反馈的时间和有效反馈信息的策略,有助于调动学生的学习积极性,加强师生的对话和互动,促进课堂教学改革。

4. 有效的评价策略

(1)评价主体的多元化。

《学习的革命》中有这么一句话:"如果一个孩子生活在鼓励中,他就学会了自信;如果一个孩子生活在认可中,他就学会了自爱。"在平时的教育教学工作中,我们更新理念、转变角色,更加关注每一个学生的个体差异,因人而异地用"多把尺""放大镜"去肯定学生。第斯多惠说:"教学艺术的本质不在于传授本领,而在于唤醒、激励和鼓舞。"采用褒贬有度的激励性和启发性的评价用语,通过手势、眼神、微笑,对学生的课堂表现进行及时的评价,表扬——真心诚意,批评——春风化雨,不断地唤醒、激励学生。鼓励学生本人、同学、家长参与到评价中来,教会学生恰如其分地肯定自己、表扬自己,改正缺点、克服不足,引领学生积极参与到教学活动中来。使学生都经历知识的构建过程,都能有所收获,并在这个过程中真正体验到学习的快乐。在这里评价的目的不是甄别和选拔,而是促进学生达成学习目标,激励他们树立信心,积极向上。

(2)评价内容多维化。

课程标准指出:"评价要关注学生学习的结果,更要关注他们学习的过程……要关注他们在教学活动中表现出来的情感和态度,要帮助学生认识自我，建立自信。"这就是说，评价不仅要关注学生的学业成绩，更要关注学生的学习过程，把学生在学习过程中的具体表现作为评价的主要对象，善于发现学生多方面的潜能，帮助学生认识自我，建立自信，发挥评价的教育功能，利于学生的终身发展。新课改倡导发展性评价，突出评价促进发展的功能，强调学习过程本身的价值。一是，评价学生是否真正喜欢学习，热爱学习，把学习当作一件快乐的事，对知识充满渴求，想要成为学习的主人；二是，评价学生是否主动参与学习，勤于思考，敢于发表自己的看法，感受与他人合作探究带来的喜悦，体验成功的快乐等；三是，评价学生是否有一定的特长与爱好；四是，评价学生是否生动活泼地健康发展。

（3）评价方式多样化。

教育心理学研究表明，人的智力因素并不是教育成功的唯一标准，非智力因素和情感起着不可忽略的作用。评价是促进学生自我教育和自我发展的有效方式。在课堂教学中，可采用师生互评、生生互评、学生自评的多向交流、互动的多元化方式，使不同的学生得到不同的发展。例如，师评生是激发学生学习兴趣的动力；生评师是增强学生自信心的保证；生评生是学生互学的手段；而学生自我评价则是通过自我激励，促进发展，有助于形成健全的人格。师生一起活动，多项交流、评价，也有利于形成平等、民主、自由、融洽、和谐的课堂气氛。具体地说，评价的呈现方式包括评分或等级、评语、成长记录等。为此，我们可以给学生建立"成长档案袋"，里边收集记录学生成长与进步的实物（优秀作业、试卷、作品、读书笔记、获奖记录等），通过"分数或等级+评语+成长记录"的方法来反映学生在达到目标过程中付出的努力与进步，激励学生取得更大的进步。通过师生、学校、家长三位一体的评价更加全面地了解学生学习状态，促使其更为有效地发展。

附一：学校专业发展规划（表4-9）。

表4-9

_____中学教师专业发展规划
(_____年___月—_____年___月)
一、指导思想 本规划以促进我校教师专业成长为本，以将我校打造成更为优质的学校为出发点，以青年教师专业发展为抓手，以解决教师成长动力为基本点，以名师梯队建设为突破口，全面提高我校教师队伍的整体素质。以现代教育理论为导向，加强对校本资源的挖掘利用；密切关注教学实践，强化对教学过程的监管与评价；"因人施训""因需设训"，关注教师成长的人文需求，提升教师的人文素养与品位。坚持师德与师能同建的原则，坚持专业与特长发展相结合的原则，坚持专家引领的原则，提高教师专业发展的针对性及实效性
二、基本认知 教师的专业发展是教育发展的永恒主题，是学校不断向前发展的动力源泉。在新的时代背景下，新一轮的课程改革将全面展开，这必将产生深远的影响。它要求学校要以人的发展作为教育的基本点，要努力向社会、高校输送高素质的学生，这对学校的教师提出了更高的专业要求，它需要教师要有扎实的专业知识与较高的教育教学水平，更需要高尚的师德。可以说，教师的专业发展事关教师个人，更关乎学校的生存与发展。 教师的专业发展对一所学校来说是一个整体概念。它不仅包括广大一线教师，也包括学校所有的行政管理人员；它不仅包括文化学科教师，也包括非文化学科教师；它不仅包括青年教师，更包括中老年教师。只有学校全体教职员工的专业精神、专业水平都得到提高，才能使学校发展环环相扣，不打折扣，更上一层楼
三、情况分析 （一）发展优势 1._____中学办学历史悠久，办学成绩斐然，在区内外有着良好的社会声誉。特别是最近几年的高考成绩突出，既扩大了学校的影响力，也增强了我校教师的自信。同时，优质的教育成果也对教师提出了更高的要求，我校广大教师渴望成长，渴望更多的发展平台。 2.我校最近由镇属高中升为区属高中，这意味着如果我校能抓住机遇，将会拥有更为丰富的教育资源和更为广阔的发展空间。广阔的外部环境、良好的发展契机将为我校教师的专业成长提供绝佳的机会。

续表

_____中学教师专业发展规划
3.我校现有教师_____名，平均年龄_____岁，在全区高中教师中平均年龄相对较小。"青春就是资本"，如果善加引导，激发成长动力，我校广大教师发展前景可期，这是很多平均年龄较大的学校所不具备的宝贵资源。 4.我校领导特别关注教师的专业成长，带领全校教师团结拼搏，无私奉献，通过深化教育教学改革和科学管理，取得了突出成绩，这为我们今后的工作打下了坚实的基础。 5.我校名师培养工程初见成效。我校大力推进梯级名师培养工程，以学校为阵地，以教师为主体，形成了比较成熟的培养体系，涌现出一批研究型、专家型的教师。学校现有特级教师____名，省市区级名师、骨干教师、学科带头人、优秀教师数十名。 6.我校与广东工业大学、南方医科大学合作，与"金太阳"教育集团合作，加入"岭南好教育联盟"，获得了宝贵的外部教育资源。 （二）发展劣势 1.教师太过年轻，虽有专业成长的空间，但经验不足，给学校带来很大培养压力。 2.社会大环境太过喧嚣，不少教师受现实的影响，专业成长动力不足。解决教师的专业发展动力问题成为我们工作的重点，特别是要想办法调动中年教师的成长热情。
四、发展目标 （一）总体目标 通过五年的努力，进一步更新我校教师的现代教育理念，使每一位教师都能用现代教育理念装备自己的头脑，并以其来审视自己的教学实践，反思自己的教学行为，提升自己的专业水平；努力建成一支具有强烈的终身学习、自主发展愿望的，具有较强教育科研能力的，具有强烈的敬业精神、良好的职业道德、精湛的业务水平、健康的心理素质、广泛的求知欲望、积极的创新意识、和谐的人际关系、持久的合作理念的，能适应时代需求、面向未来的学习型教师队伍；使一部分教师能成为"学者型""专家型"的教师，切实提高教师队伍的整体素养，提升我校的办学水平。 通过五年的努力，使我校更多的教师成为省市区名师，力争达到省市级名师____人，区级名师、骨干教师、学科带头人、优秀教师_____人次。 （二）分级目标 1._____—_____学年 （1）顺利完成换届工作交接，让教学教研各部门新上任的负责人熟悉新岗位、新职责及学校现有的教学教研发展状况；理顺工作思路，适应工作岗位。

_____中学教师专业发展规划

（2）进一步规范备课、上课环节。落实备课的"三结合"（课程标准、教材内容与学生实际相结合，基本知识、基本技能与综合运用相结合，德育渗透、知识体系与心理素质相结合）及上课的"三不"（不上无准备之课，不上目标不明确之课，不上一讲到底之课）原则。

（3）落实基础，提升能力。对学生的作业做到分层要求，追求训练的科学性；严格控制各科作业量，防止抢时间、搞题海战术的现象出现；让学生一练一得，每练一次，提升一次。

（4）落实"导师制"工作。要求教师全员行动，对学生进行有针对性的、个性化强的辅导。

（5）严格执行教学常规管理检查。对教师的教案，授课，作业布置，课堂或课外测试，教学科研，集体备课，公开课，听评课等环节进行定期与不定期检查；对科组、备课组的教学教研工作开展情况进行检查落实。

（6）着力培养新教师。召开新教师会议，明确要求；重新启动学校"青蓝工程"，为新教师配对导师，完成师徒结对的各项指标任务；完成每学期一次的新教师汇报课，举办新教师总结座谈会；完成新教师的考评工作，完成转正相关工作。

（7）重新启动学校"青优课"计划。要求各科组在第二学期前十周完成"青优课"的初选，在第十三周举行"青优课"决赛，做好总结反思、资料的收集整理及表彰总结工作。

（8）完成区"十三五规划课题"的申报工作；制订学校小课题申报计划，完成学校小课题申报工作；完成学校现有课题的开题、中期评估及结题工作。

（9）完成区级名师、骨干教师等工作的推选工作。

2. _____—_____学年

（1）全面落实各项教学常规工作。加强对教师教学过程的评价、监管，对科组、备课组的教学教研工作开展情况进行检查落实；完成每学期两次的教学工作检查，变革评价的形式，引导学生理性客观评价，使评价直指教学的实质。

（2）追求实效，提升能力。对学生的作业做到分层要求，追求训练的科学性；严格控制各科作业量，防止抢时间、搞题海战术的现象出现；让学生一练一得，每练一次，提升一次。

（3）进一步强化"导师制"工作。要求教师全员行动，学生分配到人，有任务，有指标，有落实，有评价，力求对学生的辅导做到全方位，有针对性，个性化强。

（4）强化课题研究，助推教育发展。组织区"十三五规划课题"的开题工作；完成对学校现有课题的中期评估及结题工作。组建学校专家评审小组，完成学校第一期小课题的评审、立项、中期评估及结题工作，完成对相关资料的收集整理工作。

续表

_____中学教师专业发展规划

（5）充分发挥骨干教师的专业引领作用。分两个学期，组织10节左右的骨干教师的示范课，要求全体教师参与学习交流。

（6）落实"青蓝工程"后续工作。跟进上一年度"青蓝工程"师徒结对的工作落实情况，完成对工作开展情况及工作实效的评估工作；提出整改要求，跟进落实相关工作。

（7）加强对新教师的培训工作。做好对新入职教师的岗前培训工作，使新入职的教师尽快进入角色，适应工作岗位；组织新一期的"青蓝工程"师徒结对工作。

（8）积极应对新课改要求。紧跟新一轮课改步伐，组织全体教师参与学习相关理论，在校内外进行教学观摩学习，为下一学年即将实行的"走班制"教学做好充分的准备。

（9）搭建平台，积极争取。精心打造优秀学科组，为广大教师的成长提供更多的成长机会；努力使2~3个学科组成为市、区级的示范学科组。

3._____—_____学年

（1）在高一年级全面铺开"走班制"教学。积极探讨新课改下的教学方式、途径及策略；制定好"走班制"教学模式的运行机制，理顺各种关系；在教学实践中不断总结、修正、提升；加强与兄弟学校的交流合作，努力提升"走班制"教学的实效。

（2）全面落实各项教学常规工作。进一步强化对教师教学过程的评价、监管，规范学科组、备课组的教学教研行为，对其工作开展情况进行检查落实；完成每学期两次的教学工作检查；进一步完善现有的教学评价机制。

（3）加强训练的针对性。要求教师必须先下题海，精选题目；对学生的作业做到分层要求，追求训练的科学性；严格控制各科作业量，减轻学生课业负担，让学生练过必有收获。

（4）进一步深化"导师制"工作。在原有的基础上，探讨"导师制"工作在运行机制上如何做到更加合理有效，特别是加强激励评价机制等方面的深入探讨。

（5）加强培训，助推青年教师快速成长。做好对新入职教师的岗前培训工作，使新入职的教师尽快进入角色，适应工作岗位；组织新一期的"青蓝工程"师徒结对工作，跟进相关工作。

（6）搭建平台，提升教师教学能力。举行"教学大比武"活动，重点推进新一期的"青优课"预赛及决赛活动。在交流、反思、总结中切实提升我校全体教师的教学理论水平与实践能力；让我校更多的教师走出去，成为镇、区、市各级有一定影响力的名师。

续 表

_____中学教师专业发展规划

（7）做好区"十三五规划课题"的中期评估工作；完成区"十三五规划课题"小课题的结题工作；完成学校其他课题的开题、中期评估及结题工作；完成我校第二批小课题的申报工作。

4. _____—_____学年

（1）在高一、高二年级全面铺开"走班制"教学。在上一年的基础上积极探讨新课改下的教学方式、途径及策略；进一步完善"走班制"教学模式的运行机制；在加强校内教学研究的基础上，加强与兄弟学校的交流合作，努力提升"走班制"教学的实效；努力在各类学科竞赛、考试中取得好成绩。

（2）全面落实各项教学常规工作。进一步强化对教师教学过程的评价、监管，规范学科组、备课组的教学教研行为，对其工作开展情况进行检查落实；完成每学期两次的教学工作检查；进一步完善现有的教学评价机制。

（3）强化训练及测试对教学效果的诊断功能。要求各级教研组精心组题，规范训练，对考试认真组织，使成绩真实有效，使反馈客观真实。

（4）进一步深化"导师制"工作。在原有的基础上，进一步探讨"导师制"工作在运行机制上如何做到更加合理有效，深入研究激励评价机制等方面的工作。

（5）加强科研，规范组织。组建学校新一轮的专家评审小组，完成学校第二批小课题的评审、立项、中期评估及结题工作，完成相关资料的收集整理工作。做好区"十三五规划课题"的结题准备工作，完成学校其他课题的申报、开题、中期评估及结题工作。

（6）示范引领，关爱成长。分两个学期，组织10节左右的骨干教师的示范课，发挥骨干教师的专业引领作用。做好对新入职教师的岗前培训工作，使新入职的教师尽快进入角色，适应工作岗位；组织新一期的"青蓝工程"师徒结对工作。

5. _____—_____学年

（1）在全校全面铺开"走班制"教学。要使"走班制"教学的各个方面的工作走向成熟规范，使运行机制（甚至是模式）运转良好，教学实效显著，教学成果突出。努力在各类学科竞赛、考试中取得好成绩。全力助推新一轮课改下的高考取得辉煌成绩。

（2）全面落实各项教学常规工作。使教学评价机制更为完善有效，对学科组、备课组的教学教研行为进一步规范；完成每学期两次的教学工作检查；进一步完善现有的教学评价机制。

（3）强化训练及测试对教学效果的诊断功能。要求各级教研组精心组题，规范训练，对考试认真组织，使成绩真实有效，使反馈客观真实。

续表

_____中学教师专业发展规划
（4）进一步深化"导师制"工作。在原有的基础上，进一步探讨"导师制"工作在运行机制上如何做到更加合理有效，深入研究激励评价机制等方面的工作。 （5）关爱成长，凤雏清声。做好对新入职教师的岗前培训工作，使新入职的教师尽快进入角色，适应工作岗位；组织新一期的"青蓝工程"师徒结对工作；进行新一轮的以"青优课"为主的全校性的"教学大比武"比赛。 （6）课题引领，助推成长。积极组织我校教师申报"十四五"规划课题及小课题。完成学校现有课程的开题、中期评估及结题等工作；完成我校第三批小课题的申报工作

五、工作措施

（一）构建教师专业成长的平台

1.名师示范平台

充分发挥我校骨干教师的示范作用，鼓励骨干教师申办自己的"名师工作室"，创建自己的个人博客，为我校广大教师答疑、提供业务咨询及分享教育教学资源。

积极实施名师培养工程，进一步做好学科带头人、首席教师、骨干教师的评选工作。

积极开展各种业务技能竞赛，定期开展"青优课"及"骨干教师示范课"，通过组织课堂观摩、教学技能竞赛、说课评课比赛等活动，为我校广大教师开辟互动交流的渠道，搭建教师专业展示的平台。

2.广泛的交流平台

邀请名师到我校讲学，聘请专家跟进指导；每年有计划地组织学科带头人、骨干教师到教育发达地区考察、学习，畅通交流渠道；为广大教师搭建学习平台，拓宽教师教育视野和知识视野，转变教师教育观念。

3.注重实效的科研平台

（1）大力挖掘校本资源，充分利用学校师资的力量。建立、健全校本研究制度，构建校本研究共同体，致力于把教研组建设成为学习型、研究型组织。通过各种教研活动和理论学习，提高广大教师教学分析与设计能力、教学实施与调控能力和教学总结与反思能力，真正能提高教师的教学素养。

（2）建立健全教研机构，强化研究力度，挖掘研究深度，提高研究效率，让教师在研究中提升自己的专业水平。

（3）积极开展切合我校教育教学实践的研究行动。聘请专家开设多种讲座，促进教师对话与交流，分享研究经验与成果。

（4）深化课堂教学改革，进一步优化课堂教学结构，让每节课都成为高效的课堂。改进教学模式、优化课堂结构，深入研究提高课堂有效性的途径、方法与策略。

续 表

_____中学教师专业发展规划
（二）优化教师素质结构 1.知识结构 通过各种形式的教育理论的学习，既提升我校教师的专业知识、教育理论素养，又开阔教师的教育教学视野。 2.能力结构 努力提高教师的语言表达能力、教育教学能力、学科德育能力、课程设计能力、终身学习能力、教育科研能力、信息收集处理能力。 3.品格结构 努力促使教师具备良好的职业心态、个人品格和专业伦理意识，丰富教师的精神世界，提高教师的人格魅力。 （三）创造条件、建章立制 1.落实继续教育制度。根据上级的要求，结合我校教师的实情，鼓励教师参与岗位学历进修，制定相应的激励措施。确保我校全体教师继续教育参训率达到100%，教师继续教育考核成绩的合格率达到100%。 2.构建校本教研制度。高度重视对校本资源的挖掘利用，制定校本研究制度，对教师参加校本培训提出明确要求。将自我反思、同伴互助、专业引领始终贯穿于教研过程中。积极探索校本教研的有效形式、途径与策略。 3.改革评价机制。在我校现有评价机制的基础上，加强对教师教学过程的监管评价，一是对教研组的教研活动加强检查落实，二是对教师的教学过程进行跟踪，三是强化学生在教师评价中的核心作用。 （四）完善教师专业发展档案 学校建立、健全教师学习评价、考核、奖惩等各类制度，将教师专业成长的足迹及时记录在教师专业成长档案中，注重对教师成长材料的收集、整理。教师自身要不断丰富个人年度发展记录、个性发展记录、教育成长记录
六、保障措施 1.制度保障。完善原有促进教师专业发展的各项制度。做到活动有计划、方案及资料收集。 2.经费保障。力争上级部门的各项资金支持，加大资金投入，保障教师培训、科研、课程改革及基础建设等各项工作的顺利开展。 3.物质保障。为保障教师专业发展，学校将逐步完成各项设施的配套。

续表

_____中学教师专业发展规划
4.组织保障。成立以校长为组长，教学副校长为副组长，由教务处、教研室各部门负责人共同组成的领导小组，全面负责我校教师专业成长五年规划的实施。
5.专业支持。聘请各级专家，充分发挥我校名师的引领作用，定期对我校教师专业发展工作提供诊断与指导工作

附二：教师个人专业发展规划（表4-10）。

表4-10

以赤诚之心助推专业成长
——教师个人专业五年发展规划
（_____年____月——____年____月）
_____中学_____

一、自我分析

1.个人优势

（1）我至今已从教_____年，有_____届毕业班语文教学的经历，对语文学科的特点有比较深刻的认识，学科知识体系比较完备，对高考有较为专业的研究，对高考命题特点有较为深入的理解，对考点和试题类型反应敏感，辅导答疑能力强。多年的语文教学经历一方面为我提供了专业成长的宝贵财富，另一方面我也通过不断的积累增强了自信，但更为重要的是发现了自身成长的迫切性。这对我自身的发展提出了更高的要求。

（2）我有十几年班级管理及数年年级管理的经历、经验，学习了不少教育管理方面的理论知识，也积累了很多管理方面的经验方法，同时，我自认是一位对学生非常负责任的教师，平时对学生的身心、学业发展非常关心，工作认真负责，在自身专业成长上动力十足，有立志成为名师的强烈愿望，这为我自身专业的进一步成长打下了坚实的基础。

（3）我有着良好的成长环境。以前一直担任班主任及年级组组长工作，又长期担任重点班的语文教学工作，积累了丰富的教育教学经验，能够应对各种教育教学问题，能够有效地解决学生成长中的各种问题，这为我的进一步提升提供了经验基础。现在我担任学校教研室负责人一职，统筹学校的各类教研活动，有更多的机会接触教学实践活动。通过不断地充电来完善自己。通过大量的实践积累及理论学习，将会比别人有更大的成长优势。此外，我还担任下级行政一职，有大量的时间和机会去全方位了解学校教育教学的各方面，同时也更专注于研究应对教育教学当中出现的各种问题。所有这些都是我专业成长的宝贵财富，必将助推我在现有基础上得到进一步提升。

续 表

以赤诚之心助推专业成长
（4）我身体健康，能承受较大强度的工作。更为重要的是我意志品质较为坚定，能够执着于做好某些事情。我有较好的学习精神，阅读是我多年的习惯。以上这些条件，为我的专业进一步成长提供了很好的基础。 （5）在大环境上，佛山市顺德又作为教育发达地区，不断地优化着各种教育资源，名师荟萃，群雄争霸；新一轮的教育改革对教育提出了更高的要求，如果我们想在激烈的竞争中站稳脚跟，就得不断发展，进行自我超越，这是生存的基本需要。当然，"进步是人类的生活方式"，我更渴望自己成为顺德教育这个大家庭中的优异分子，为自己将来的发展创造更大的发展空间。 （6）_____中学办学历史悠久，办学成绩斐然，在区内外有着良好的社会声誉。特别是最近几年的高考成绩异军突起，既扩大了学校的影响力，也增强了我校教师的自信。身为其中一员，我深感荣幸，更希望获得更多的发展平台，为学校做出自己的贡献。 2.自身不足 （1）由于从教时间较长，持续投入情感，职业稳定，需要不断警醒自己绝不能产生懈怠之心。 （2）需要进一步解放思想，更新自己的教育教学理念，提升自己的创造力，激发自己的挑战精神。 （3）目前，身为学校教研室负责人，又担任下级行政，还承担重点班的语文教学工作，事务繁多，工作压力大，这在一定程度上会影响自己的业务进修

二、发展目标

（一）总体目标

通过五年的努力，进一步更新自己的现代教育理念，使自己能用现代教育理念，审视自己的教学实践，反思自己的教学行为，提升自己的专业水平；使自己成为具有强烈的终身学习、自主发展愿望的，具有较强教育科研能力的，具有强烈的敬业精神、良好的职业道德、精湛的业务水平、健康的心理素质、广泛的求知能力、积极的创新意识、和谐的人际关系、持久的合作理念，能适应时代需求、面向未来的学习型教师，努力使自己成为"学者型""专家型"教师。经过五年的努力，使自己成为佛山市顺德区名师、骨干教师、学科带头人，力争成为市级骨干教师。

续 表

以赤诚之心助推专业成长
（二）分解目标 1.＿＿＿年＿＿月—＿＿＿年＿＿月 （1）组织开展教研室各项工作，召开新教师会议，重新启动"青蓝工程"，举行"青蓝工程"师徒结队活动；重新启动学校"青优课"计划，完成预赛、决赛，做好总结反思工作；制订学校小课题申报计划，完成小课题申报工作；完成学校现有2个省级课题的结题工作。 （2）研读教育教学专著3本以上，进一步提升自己的理论水平；在课堂实践中积极落实新课改精神，主动落实"生本"思想；力争发表2篇论文。 （3）精心准备、申报区"十三五规划课题"；积极申报区级骨干教师。 2.＿＿＿年＿＿月—＿＿＿年＿＿月 （1）组织开展教研室各项工作，组织区"十三五规划课题"的立项、开题工作；完成学校小课题的立项、中期评估及结题工作，收集相关资料；组织10节左右的骨干教师的示范课，真正发挥骨干教师的引领作用；做好新入职教师的岗前培训，组织新一期的"青蓝工程"师徒结对工作。 （2）积极参加关于新一轮课改的理论与实践的培训学习，为"走班制"教学做好充分的准备。 （3）力争在镇级以上上好示范课，与下级初中开展更多的教研交流。 （4）阅读3本以上的理论专著，发表2篇质量较高的教育教学论文。 3.＿＿＿年＿＿月—＿＿＿年＿＿月 （1）在"走班制"教学中不断提升自己应对新形势下的教育教学方法、策略，探讨更好的教学实践策略；在教学实践中不断总结、修正、提升。 （2）积极申报区级名师，努力成为市级骨干教师。 （3）阅读3本以上的理论专著，发表2篇质量较高的教育教学论文。 4.＿＿＿年＿＿月—＿＿＿年＿＿月 （1）深入研究"走班制"教学的方式、方法及策略，在推动学校教学改革进程的同时，进一步提升自己的教学水平。 （2）做好学校教研的阶段总结提升工作，完成我校第二批小课题的评估、立项、过程跟踪及结题工作，做好相关资料的收集与整理；组织新一期的"青优课"预赛及决赛工作；做好新教师的入职岗前培训，做好"青蓝工程"的拜师工作。 （3）阅读3本以上的理论专著，发表2篇质量较高的教育教学论文。 5.＿＿＿年＿＿月—＿＿＿年＿＿月 （1）整理、总结、提炼自己的教育思想，发表专著；努力成为在区内外有一定影响力的名师。

续表

以赤诚之心助推专业成长
（2）升级高三备考的方法策略，努力促进我校在新课改背景下的高考取得优异成绩。 （3）阅读3本以上的理论专著，发表2篇质量较高的教育教学论文
三、具体措施 1.自主研修。结合自己的教学实践，不断总结提升；通过理论学习，不断更新自己的教育教学的理念，并将这些理念运用于自己的教学实践；在实践的基础上不断升华自己的理论素养，并努力使其形成理论文字发表于各类报纸杂志。如此不断地循环，使二者形成良性的互动，最终提升自己的教育教学水平。 2.虚心学习，借鉴。一方面是通过观摩、交流等方式学习借鉴同事们在教育教学等方面的好的做法；另一方面是通过网络、书籍等多种途径学习他人的理论成果，更新自己的教育理念，并用之于教学实践，从而提升自己的教学水平。 3.总结内化。一旦在教学实践中有所得，则转化成理论文字，并努力使其发表在教育教学杂志上，以此来使自己养成良好的总结提炼的习惯。同时，也以此来不断激励自己，为自己提供源源不断的成长动力。 4.努力促使自己走出去。教育教学思想的交流与辐射是成为名师的关键。我将努力抓住机会让自己在更广阔的平台上传达自己的声音，并以此来不断鞭策自己，使自己走在成长的道路上。 5.为自己的专业成长争取最好的环境。一方面是要珍惜自己现有的环境资源，充分利用好它。另一方面则是要努力协调好各种关系，争取更多的发展平台，通过更多的平台去学习借鉴他人的优秀成果，也使自己的教育教学成果通过更多平台向各方辐射

第五章

问题导向下的课堂教学案例分析：基于事实的理性诊断

一、小组建设案例分析

（一）小组文化建设典例分析

1. 小组文化建设典例（表5-1）

表5-1

小组组名	清源组
组名含义	问渠哪得清如许，为有源头活水来
小组口号	荣誉来自努力，进步来自勤奋！相信自己，永不言弃！每天进步一小步，日积月累跨大步
小组目标	班级小组排名前四
小组规则	①尊重组长，服从组长管理； ②团结一心，维护小组荣誉，不做小组叛徒； ③发扬民主，少数服从多数； ④尊重老师，坚决与不敬老师的行为作斗争； ⑤按时、认真值日，按时、认真完成作业； ⑥上课不迟到，提前两分钟准备好书本，安静地坐在位置上等待老师上课； ⑦互帮互学，珍惜时间，利用好早读、下午上课前、晚息预备前时间，互相背书、讲题目、查作业等； ⑧尊重班委会，小组服从班级管理； ⑨上课认真听讲，积极回答问题，及时做笔记，不做小动作，不影响他人学习

续 表

分工安排	组长：林××，收历史、政治作业； 成员：王××，收英语、语文作业； 成员：刘××，收地理、生物作业； 成员：莫××，收化学作业； 成员：伍××，收其余作业
奖惩制度	奖励制度： ①小组获得的奖励由小组成员平均分配； ②积极参与小组活动、回答问题的给予加分； ③不得连累小组扣分，或做其他有损小组荣誉的行为。 惩罚制度： ①欠交作业者，由科代表记名，并在组内道歉； ②晚修违纪被扣分的，写500字以上检讨书； ③违反组规者，按规定扣分； ④上课被老师点名批评的，在组内道歉。

2. 对清源组文化建设的评析

（1）规范性维度。

清源组的建设体系总体上来说是比较完善的，呈现的方式也比较完整规范，科学清晰。其比较突出的问题有两点：一是，更多考虑小组共性的建设，而对小组成员的个性需要关注较少，可增加小组每名成员的"奋斗目标""奋斗途径"，甚至是"座右铭"等内容；二是，要在内容的呈现上做到更加规范，表述更加严谨，如"不做小组叛徒"这样的表述就很不严谨，也没有办法在实践中进行操作。

（2）科学性维度。

在小组组名的确定上，清源组是比较用心的，能够从古诗歌名句中进行提炼，有一定的文化意味；不足之处在于激励性不足，不能响亮、直观地给组员以昂扬上进之感。在小组目标的制定上，一个班总共八个小组只定位于排名前四，看似务实，实则平庸，缺乏上进心，对小组成员的感召力不足。在小组分工上，看似人人有事做，但只是考虑到作业的收发问题，这对一个小组的建设来说是严重不足的；真正建设良好的小组必然是制度完善、管理到位、分工明晰、团结协作、学业优秀的小组，而且应将管理放到小组建设的优先位置进行考量。在此基础上应考虑如何通过制度的完善与活动的开展更好地调动、激发小组成员的积极性，换言之，就是要努力解决好小组成员的成长动力问题，这个问题解决了，其他问题也往往能迎刃而解。在"奖惩制度"的制定上，清源组明确了"奖"与"惩"的范围，但存在的问题依然清晰，那就是考评的面太窄，基本上是围绕学习来展开，而对其他方面考虑太少；再就是在表述的科学性问题上，表述应有更好的层次性与逻辑性。

（3）可操作性维度。

一个优秀的小组建设首先应是设立一个小组全体成员共同认可的愿景，并且有为实现这个愿景而制定具体可行的操作策略、前行路径。清源组上面已经讲到应将小组目标定得更为高远一些，而且不能仅限于学业成绩（比如增加量化成绩名次、学科竞赛目标等）。在目标确定的同时，要有紧紧围绕目标实现而采用的具体措施。例如，智育目标就应有课堂、自修时间的状态要求，上交的作业标准，测试的进退名次等方面的清晰表述；德育目标就应有每天的具体纪律标准等。只有清晰可行的可量化标准方能让每一名学生清楚自己的努力方向及改进的措施。在奖惩制度的制定上，措施不能空泛，也不能华而不实，更不能伤及小组成员的自尊；否则很可能会让小组成员对这个制度失去信任，从而将其置之不理，或者只是表面应付而内心不以为然，甚至是质疑、抗拒，无论哪种情况的出现都有可能让这个制度失去其本应有的价值和意义。

（二）班规典例分析

1. 班级团队建设制度典例（表5-2）

表5-2

高一_____班团队建设制度
一、团队成员权利与职责 1.组长权利与职责 （1）权利 ①组长有权对组员在工作期间的不良表现做出指责并扣减其相应项目的分数； ②一切任务由组长分配； ③在组员无法决定某一件事时，组长具有决定权。 （2）职责 ①团结好队伍，使小组呈现和谐的局面，能调节组员遇到的问题； ②提高组员积极性，向更高的目标前进； ③监督自己的行为，为组员做好榜样； ④监督组员的行为，使小组不出现违反规章制度的现象。 2.组员权利与职责 （1）权利 ①组员在完成项目任务的情况下有自己的时间做其他事情； ②对于组长分配的任务，组员可以提出自己的意见和看法； ③组员有权对组长的表现进行评价。 （2）职责 ①组员要发挥自己所长，协助组长完成任务； ②在工作期间，组员需听从组长合理的安排； ③组长分配的任务，组员必须保质保量完成； ④努力做到小组章程的要求； ⑤做任何事情前组员要优先考虑团队
二、例会 1.全体组员例会制度 （1）每天早上由组长组织召开全体组员会议； （2）组长向老师汇报项目进展情况，并做出下一阶段的工作计划，听取老师的意见和对项目组的要求； （3）项目组成员之间进行交流、讨论，对调查过程中出现的问题进行集中解决；

续表

高一_____班团队建设制度
（4）对下一阶段工作做出整体计划； （5）无故不参加例会者，需做出书面及口头检查。 2.项目组成员外出安全制度 （1）组长能够同项目成员一同进行调查的，必须由组长带队，其余人员配合调查工作； （2）组长要预先安排好小组人员乘车外出安全措施等基本问题，并向任课教师请示； （3）小组人员乘车外出安全措施不符合要求的，不予批准外出调查活动
三、团队考核标准 1.上课迟到、早退、晚进教室等影响团队整体荣誉的行为每次扣0.5~2分，无故旷课每次扣5分； 2.上课期间不积极参与团队活动每次扣5分（如有特殊情况，得到老师批准则不在扣分范围）； 3.课桌上不得出现与上课无关的物品，违反者每次扣0.5分，上课期间违规，被老师重点提醒一次扣1分； 4.实践活动，借各种不必要名义而不完成任务者每次扣1分； 5.小组成员在发生歧义时，要认真协调，吵闹者每人扣1分； 6.个人作业未按时完成并上交，因个人原因影响团队成绩者每次扣1.5分； 7.出色完成组长分配的任务，并得到老师肯定的每次加3分； 8.汇报出色，受到老师肯定全组成员每人加1分

2. 班级团队建设典例分析

（1）宏观层面。

本制度没有采用传统的取名为"×××班班规"的做法，而将其取名为"团队建设制度"，这符合课改的基本精神，也更能突显班级、小组两个层面的团队性质。整个制度设置"团队成员权利与职责"及"团队考核标准"等三个部分，总体设计并未采用只有计分方法的常态做法，整个设计紧紧围绕"团队"这一核心词展开，主题集中并且较有层次，突显出团队建设的重要性。

但该制度也存在非常明显的问题：

其一，未将教师纳入制度考量的范围。新一轮课堂教学改革非常强调师生关系的民主、和谐,一个班级的团队建设需要教师的积极参与。在问题导向下的课堂教学中,教师的角色已不再是传统意义上的评价者与制度的制定者、执行者,应有相应的制度要求教师主动融入班集体,参与到班级团队的建设中来。因此班级团队在对学生提出要求的同时,也应对教师的权利与职责进行界定,并制定具体的措施对其教育教学行为进行考评。

其二,该制度将"例会"作为一个专题加以强调,与其他两个主题进行并列呈现,这显得很突兀,因为这只是团队建设中的一个子项目,更为合理的安排应该是将其纳入团队建设的"权利与职责"栏目即可,没有必要将其单列出来。而且,如果一个团队需要组织外出,仅仅列这么几条要求显然是远远不够的。事实上团队需要外出次数极少,外出要做出各种预案,提前做好各项准备,这需要单独组织,不可能仅凭这几句话就能解决。因此该内容放在这里既没必要也没有实际价值,应删除。

(2)微观层面。

该制度将组长、组员的权利与职责相对提出,显得民主而公平;将奖惩标准逐一细化,具有较强的可操作性。但细细推敲,我们很容易发现该制度存在明显的问题:

其一,权利与职责要尽可能协调对等,不能让小组成员觉得自己的职责比权利明显要多,否则不利于调动其参与团队建设的积极性。从心理学的角度来说,当一个人意识到自己所应承担的责任要远比自己所享受的权利要少时,很容易走向对抗;而当其意识到自己能享有更多的权利时则会分泌更多的多巴酚。作为一名高中生来说,其自觉意识更加强烈,其理性思维也渐趋合理。在这种情况下,教师(特别是班主任)如果能进行合理的引导,在班规班约的制定上使权利和职责更加均衡,也容易使班级走上理性科学发展的道路,而这对一个班级的良性发展非常重要。

其二,一些权利或职责在表述上存在明显不合理的地方,如"组长有权对组员在工作期间的不良表现做出指责并扣减其本项目的分数"中的"指责"一词明显不妥,把"做出指责"改为"指出"似乎更为合理;"一切任务由组长分配"这种表述也太过绝对，很容易将组长与组员对立起来，如果将其改为"组内任务经过组内商定后由组长进行宣布；如组内意见分歧较大，则由组长与老师商定后予以宣布"似乎更为严谨。

其三，"考核标准"中的奖、惩条目应该分开，进行对应陈列；在加减分的标准制定上不能只是反映班主任的意愿，而应更多听取班级科任老师及学生的意见，以免出现明显偏离学生心理预期的分值（如加减3分以上就应该反复斟酌）；如果该项制度在执行过程中出现明显的争议，则应及时进行修订。另外，在加减分的执行上应明确执行人及执行方法，要使所有的课堂教学评价在课堂上悄然进行，而不能让学生在课堂上过度关注自己的得分情况，最终使班级评价功利化、世俗化。

二、导学案编写案例分析

（一）"青优课"导学案案例分析

1. "青优课"导学案典例（表5-3）

表5-3

课题	种群的特征之调查种群密度的方法	主备人		课类		学校"青优课"决赛课
课型	新授课	课时	一课时	授课人		
教具准备	多媒体					
教学过程	导学案					
	【课前自学】 1.本节的知识结构 细胞 → 组织 → 器官 → 系统 → 个体 个体 → **种群** → 群落 → 生态系统　　必修3主要研究					

	导学案

教学过程	2.种群的定义（P59）
	例如：某池塘中的全部鲤鱼
	{ 一定的_____
	  同种生物
	  _____个体 }
	
	3.群落的定义（P71）
	例如：某草原的全部生物
	{ 同一时间，一定的_____
	  _____生物 }
	
	4.下列生物群体中属于种群的是（　　）。
	A. 顺德和南海两个池塘中的鲤鱼
	B. 顺峰山的全部蛇
	C. 一块棉田中棉蚜的幼虫
	D. 卧龙自然保护区的全部大熊猫
	5.种群是指在一定的自然区域内，_____的_____。
	6.第四章第1节，主要想研究_____（填种群/群落），主要是研究其数量特征和空间特征。
	数量特征：种群_____、_____和死亡率、_____和迁出率、_____、性别比例
	空间特征：均匀分布、随机分布、集群分布
	7.连连线（把名词和定义对应起来，有一项干扰项）
	
	种群密度　——　种群中，雌雄个体中数目的比例
	出生率和死亡率　——　群落中物种种类的多少
	迁入率和迁出率　——　种群中，各年龄期的个体数目的比例
	年龄组成　——　种群在单位面积或单位体积中的个体数
	性别比例　——　单位时间内，新产生的个体（死亡的个体）占该种群个体总数的比率
	　——　单位时间内，迁入（迁出）个体占该种群个体总数的比率

导学案

【学习过程】
探究一：种群的数量特征之——种群密度
一、定义：种群密度是指种群在单位_____或单位_____中的个体数，它是种群最基本的数量特征。

可以简写为：种群密度= □□□□ / □□□□

练习1：下列叙述中符合种群密度概念的是（　　）。
A.某地区灰仓鼠每年新出生的个体数
B.一亩水稻的年产量
C.每平方米草地中蒲公英的数量
D.洞庭湖中每平方米水体中鲫鱼的数量

二、调查种群密度的方法
1.样方法
练习2：某同学准备调查一个面积为100hm²的草地上某种双子叶草本植物的种群密度，设计了四个调查方案，你比较倾向于那种方法（　　）。
A.计算该草地上该种植物的全部个体数目
B.设置一个1m²的样方，计数样方中该种植物的个体数目
C.随机设置1m²样方若干，计数每个样方中该种植物的个体数目
D.在该种植物比较密集处设置1m²样方若干，计数每个样方中该种植物的个体数

思考：	小结：样方法调查种群密度的步骤
①我们应该怎么选取样方。 ②选取多少个样方合适？选取多大的样方合适？ ③常用的取样方法有哪些。 ④你在计数样方内个体数量时，可能会遇到什么问题？你打算怎样处理？ ⑤计得每个样方内个体的数量后，如何进一步求得种群密度的估计值？	1.取样 ①取样的关键是要做到_____。 ②样方的大小及多少根据所调查的生物的类型及分布范围来确定。对草本植物（如蒲公英）样方大小一般取1m²。 ③_____和_____都是常用的取样方法。 2.计数 ④边界线上个体的计数原则：_____。 3.计算种群密度 ⑤取各样方的_____作为种群密度的估计值。 ⑥样方法的适用对象：_____。

导学案

练习3：下图所示为某小组的同学在进行双子叶草本植物苦荬菜种群密度调查时确定的小样方之一，样方大小为1m²，圆圈表示个体。

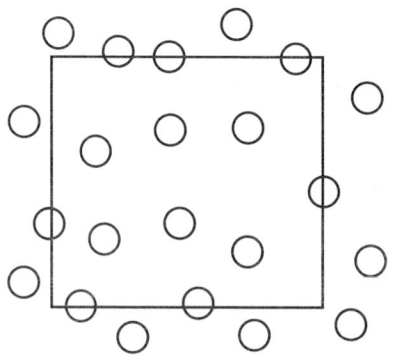

（1）请将应该计数的圆圈涂黑。
（2）下表是该班级5个小组的调查结果。则该块地苦荬菜的种群密度为_____。

组别	1	2	3	4	5
株/m²	3	4	5	4	4

（3）该种调查植物种群密度的方法是_____，常用的取样方法有_____和_____。
（4）取样的关键除了要考虑样方的大小和数量外，还应该注意_____。

练习4：某小组通过等距取样法对某种植物进行调查，选取了5个样方，每个样方面积为S，发现各个样方中的植物数量为n_1，n_2，n_3，n_4，n_5，则该种植物的种群密度为_____。

组别	1	2	3	4	5
株数	4	6	3	3	4

导学案

2.标志重捕法

阅读课本P62，思考： ①标志重捕法适用于具有什么特点的生物？ ②标志重捕法调查种群密度的步骤可大致分成哪几步？	①标志重捕法适用于_____的生物。 ②标志重捕法调查种群密度的步骤： _____ _____ _____。 练习4：在对某种兔的种群密度的调查中，第一次捕获并标记46只第二次捕获25只，其中有标记兔12只，该种群的数量约为（　　） A.46　　B.25　　C.12　　D.96

练习5：一个学生要估算一块木头下的鼠妇种群数量，她抓了40只鼠妇，然后将鼠妇标记后放回，并与该种群中的其他个体混合在一起，24小时后，她又抓了40只鼠妇，在新抓的鼠妇中，有16只有标记，假定24小时内，鼠妇无伤亡，无迁入迁出，则鼠妇的种群数量为（　　）

A.60只　　　　B.100只　　　　C.80只　　　　D.40只

练习6：利用标志重捕法调查某丘陵地区$4km^2$区域中刺猬的种群密度，第一次捕获并标记50只刺猬，第二次捕获40只刺猬，其中有标记的5只。正确的说法是（　　）

A．标记个体与未标记个体被捕获的概率基本相同

B．迁入率和迁出率影响该种群数量变化

C．标记符号过分醒目可能增大刺猬被捕食的概率

D．该种群的密度大约是400只／km^2

探究二：出生率和死亡率，迁入率和迁出率

资料1：1983年，我国平均每10万人中新生人口为1862人，死亡人口为636人。

资料2：据最新的统计数据，北京市人口约1972万，其中户籍人口1246万，迁入人口约726万。

阅读上述资料，思考：

1.你能算出10万人中出生率和死亡率分别是多少？北京市人口的迁入率是多少？

2.你认为上述特征对种群密度有什么影响？

一、出生率和死亡率

1.出生率：指种群在单位时间内_____的个体数目占该种群个体数目的比率。

死亡率：指种群在单位时间内死亡的个体数目占该种群个体数目的比率。

导学案

2.分析出生率和死亡率与种群密度的关系

出生率 > 死亡率，种群密度_____；

出生率 < 死亡率，种群密度_____；

出生率 = 死亡率，种群密度_____。

3.意义：出生率和死亡率是决定种群大小和种群密度的_____因素。

二、迁入率和迁出率

1.概念：在单位时间内迁入（或迁出）的个体数目占该种群个体总数的比率。

2.分析迁入率和迁出率与种群密度的关系

迁入率 > 迁出率，种群密度_____；

迁入率 < 迁出率，种群密度_____；

迁入率 = 迁出率，种群密度_____。

3.意义：迁入率和迁出率是决定种群密度的_____因素。

探究三：年龄组成和性别比例

资料3：按一对夫妇生两个孩子计算，人口学家统计和预测，墨西哥等发展中国家的人口翻一番大约20～40年，瑞典人口将会相对稳定，俄罗斯人口将减少。为此，俄罗斯政府采取积极措施应对，规定从在2007年1月1日开始，凡是生育二胎以上的妇女，每生一胎便可获得相当于5000英镑的奖励，这对每月平均工资仅150英镑的俄罗斯百姓而言的确是一个不小的诱惑。

阅读上述资料，思考：科学家是如何预测人口的这种增减动态的？

1.年龄组成

（1）概念：指一个种群中各年龄期个体数目的比例。

（2）年龄组成的3种类型

图示	所属类型	种群特点	发展趋势
		幼年个体_____，老年个体_____。	出生率_____死亡率，种群密度会_____。
		各年龄期的个体_____。	出生率_____死亡率，种群密度在一段时间内保持_____。
		老年个体_____，幼年个体_____。	出生率_____死亡率，种群密度会_____。

导学案

从以上分析可以发现，年龄组成通过影响种群的出生率和死亡率间接影响种群密度，所以年龄组成是决定种群密度的_____因素。

（3）意义：通过分析种群的年龄组成可以_____该种群的数量变化趋势。

2.性别比例

（1）概念：种群中雄性和雌性个体所占的比例。

（2）性别比例通过影响种群的_____间接影响种群密度，所以性别比例是决定种群密度的_____因素。

课外阅读：性别比例的应用——控制虫害。

利用人工合成的性引诱剂诱杀某种害虫的雄性个体，破坏害虫种群正常的性别比例，就会使很多雌性个体不能完成交配，从而使该害虫的种群密度明显降低，达到控制害虫数量的目的。

【本节概念图构建】

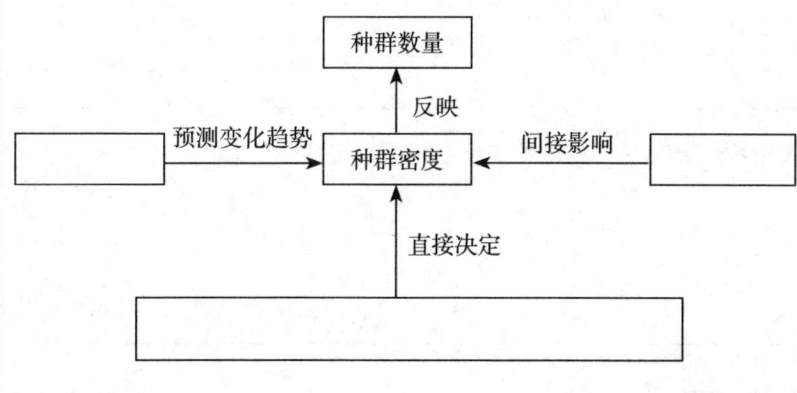

【练习反馈】

1.我国的计划生育政策为"提倡一个夫妇只生一个孩子"，从种群特征看，这种措施直接调节（　　）。

A.种群密度　　　B.年龄组成　　　C.性别比例　　　D.出生率

2.草原上苍鹰的种群密度的大小可采用的调查方法是（　　）。

A.总数量调查法　B.标志重捕法　　C.样方法　　　D.无法估测

3.某课外小组在调查一块面积为2hm²草坪中灰仓鼠的数量时，放置了100个捕鼠笼，一夜间捕获了50只灰仓鼠，将捕获的灰仓鼠做好标记后在原地放生。5天后，在同一地点放置同样数量的捕鼠笼，捕获了42只，其中有标记的个体13只。则该草场中灰仓鼠的数量最接近（　　）。

A.50只　　　　　B.42只　　　　　C.92只　　　　　D.161只

	导学案
教学过程	4.下列选项中，不属于对种群数量特征描述的是（　　）。 A.我国的人口将逐步步入老龄化阶段 B.2003年，广东的人口出生率为1.329% C.橡树种子散步能力差，常在母株附近形成集群 D.由于薇甘菊入侵，松树种群死亡率较高 5.下图为种群的年龄结构图，请据图回答： 生育后期　生育期　生育前期 　　A　　　　B　　　　C （1）图中B表示稳定型，A表示_____型，C表示_____型。 （2）B型的年龄结构特征是_____。 （3）A型的种群密度的发展趋势是_____。 （4）C型的种群密度的发展趋势是_____。

教学反思：

2. 课例分析

（1）优点。

① 学情把握精准，目标定位清晰。

设计者作为一名青年教师，能够清晰意识到这节课的实验无法在教室内真实重现，需要通过模拟的形式，让学生产生身临其境之感，从而理解并把握科学家进行实验的过程。并在此过程中努力践行问题导向下的课堂教学核心理念，着力培养学生自主、合作、探究的意识与能力。让学生通过自主与合作学习独立构建种群概念、种群的特征及各特征之间的内在关系等。本设计目标定位准确，思路清晰，理念科学先进。

②问题探究，激发学习兴趣。

导学案设计充分利用教材、教辅资料，创设学习情境，让师生的教、学行为在特定的情境中有序展开，营造出较为浓郁的学习氛围，有利于提升师生的教学行为效果。整堂课围绕"学"展开，以问题为主线进行串联，每一环节都由问题引领，使整个教学过程成为学生主动探究的过程，通过教师的适时引导，让问题链条逐步形成，层层深入，综合提升了学生的信息获取能力、问题分析能力和语言表达能力。

③创设生活情境，践行新课程理念。

导学案设计蕴含了日常生活中大量的生物知识和情境，从学生熟悉的生活经验出发，创设学生熟悉的、感兴趣的、符合教学内容的情境，以此来激发学生的求知欲，从而提升课堂的活力与效率。导学案设计所选取的内容，无论是种群密度的调查方法还是影响种群密度的几项数量特征（出生率和死亡率、迁入率和迁出率等），都有不少学生熟知的身边实例。例如借助我国近几年来人口的变化情况来比较分析年龄组成对这个社会的未来将产生怎样的影响等。用这些与生活贴近的知识来激发学生的学习兴趣，让学生明白生物知识其实就在自己的身边，从身边来，也将到身边去。学习不仅是为了应试，更是为了让我们的生活更加美好。

④教学方式灵活多样，教学策略选用合理。

导学案设计做到了多媒体呈现的丰富多样，既有文字，又有图表及流程图；同时，不局限于多媒体一种呈现方式，也借助传统的板书来呈现内容。如在种群的数量特征与种群密度之间的关系就借助箭头和文字二者相结合的方式来呈现，这样形成的概念图更加有助于学生对种群各个特征的整体把握和记忆，适时地用板书的方式将其呈现出来最为合适，也更加适合于教师的最后小结。

⑤模拟实验，搭建探究平台。

新课程理念倡导学生通过自主、合作、探究的方式进行学习，引导学生主动参与、乐于探究、勤于动手，高度重视学生收集有效信息，并对信息进行恰当处理的能力。问题导向下的课堂教学以问题为主线，不断引导学生发现问题、思考问题、解决问题，并在这一过程中培养良好的学习习惯，提升学生的学习素养。导学案设计非常注重学生的亲历与体验，通过对实验的操作、对实验过程的观察、对实验过程的记录、对结果的逻辑推断等培养学生的多种素养，尤其是对学生的探究意识及探究能力都有很好的促进与提升作用。

⑥打破学科界限，注重学科整合。

导学案设计较好地与数学学科进行整合：借助数学模型对生命现象进行量化，以数量关系描述生命现象，运用逻辑推理、求解和运算等对生命现象进行研究。例如，在求种群密度时，运用数学计算其平均值及种群数量等。

⑦关注逻辑联系，构建知识结构。

导学案设计的知识内容主要是围绕着"种群密度"这一种群最基本的数量特征展开的，其他几项数量特征都是影响种群密度的主要因素，其中出生率和死亡率、迁入率和迁出率是直接因素，年龄组成和性别比例则是通过影响出生率和死亡率来间接影响种群密度。所以，让学生理解并把握好几个影响因素之间的逻辑关系，是这节课知识教学方面的一个重点和关键。整个导学案设计紧凑，衔接过渡自然，知识点联系好，内容充实、饱满，注重利用课本，讲透了基本概念及特征。

（2）不足。

① 导学案设计整体欠缺规范。主要表现为以下几点：一是"学习目标""学习重难点"及"学习策略"等未直观呈现；二是设计的逻辑层次缺乏梯度，思维含量欠缺；三是在设计中师生活动比例失调，对学生的活动关注较少。设计的欠缺固然是青年教师不成熟的表现，但一些太过明显的硬伤反映出青年教师在基本功的训练上不够扎实，尤其是一些明显与新课改理念格格不入的设计更是让人担忧。

② 细节考虑太少。

作为一名青年教师，要想迅速成长，一定要密切关注细节，尤其在公开展示课中更要以高度专注的态度全身心投入，将其作为自己成长的重要契机，认真打磨教学设计中的每一个环节。例如每个知识模块的时间分配就必须在设计中细加考虑，要细化到分钟，对重点、难点知识的突破应在时间上有比较明显的体现。如果设计随意，很可能会出现主次不清，甚至喧宾夺主的情况。再如在"导入""自主学习""合作学习""展示交流"等环节都应考虑得更加周全。导入的方式应该充分考虑课型特点、学情等因素；学习的具体指令（时间、内容、目标等）应更加明晰；展示的具体要求（自主展示还是指定展示、个体展示还是群体展示、文字展示还是语言展示等）也应该更加明确。总体来说，本导学案设计比较粗糙，诸多细节都未详加考虑。这种设计很难被称为精品，青年教师要想在教学上有更快的成长，首先要从打磨自己的教学设计开始。只有精益求精，才能让自己变得更加严谨，成长得更快。

（二）"骨干教师示范课"导学案案例分析

1. "骨干教师示范课"导学案典例（表5-4）

表5-4

课题	指数函数及其性质		主备人		课类	校"骨干教师"示范课
课型	新授课		课时	一课时	授课人	
教具准备	多媒体					
教学过程	导学案					
	一、明确目标					
	重点难点	重点：指数函数的概念和性质及其应用。难点：指数函数性质的归纳，概括及其应用				
	学科指导意见	①通过实际问题了解指数函数的实际背景。②理解指数函数的概念和意义，根据图像理解和掌握指数函数的性质。③体会一般数学讨论方式及数形结合的思想				
	高考考纲	①指数函数的概念和性质及其应用。②指数函数性质的归纳，概括及其应用				

	导学案
	二、创设情境，引入定义 （一）情境设置 引例1：某种细胞分裂时，由1个分裂成2个，2个分裂成4个，……一个这样的细胞分裂x次后，得到的细胞分裂的个数y与x之间，构成一个函数关系，能写出x与y之间的函数关系式吗？ 学生回答：y与x之间的关系式，可以表示为$y=2^x$。 引例2：《庄子·天下篇》中写道："一尺之棰，日取其半，万世不竭。"请写出取x次后，木棰的剩留量y与x的函数关系式。 学生回答：y与x之间的关系式，可以表示为$y=\left(\dfrac{1}{2}\right)^x$。 （二）学习新课 1.形成概念：指数函数的定义 一般地，_____叫作指数函数，其中x是自变量，函数的定义域为____。 （1）发现问题、深化概念，观察并归纳出指数函数定义形式上的特点： ①a^x的前面系数为1；②自变量x在指数位置；③a>0且a≠1 问题1：判断下列函数是否为指数函数。 ①$y=-3^x$　②$y=3^{1/x}$　③$y=3^{1+x}$　④$y=(-3)^x$　⑤$y=3^{-x}=(1/3)^x$ （2）问题1中4$y=(-3)^x$的判定，引出问题：指数函数的概念中为什么要规定a>0且a≠1 ①a<0时，$y=(-3)^x$对于x=1/2, 1/4, ……$(-3)^x$无意义。 ②a=0时，x>0时，$a^x=0$；x≤0时无意义。 ③a=1时，$a^x=1^x=1$是常量，没有研究的必要。 落实掌握1：①若函数$y=(a-2)^2a^x$是指数函数，则（　　） A.a=1或a=3　　B.a=1　　C.a=3　　D.a>0，且a≠1 ②指数函数$f(x)=a^x$（a>0且a≠1）的图像经过点（3,9），求f(x)、f(0)、f(1)的值。——待定系数法求指数函数解析式（只需一个方程）。 2.深入研究图像，加深理解性质 利用描点法作函数$y=2^x$，$y=3^x$，以及$y=(1/2)^x$、$y=(1/3)^x$的图像。（列表、描点、连线） 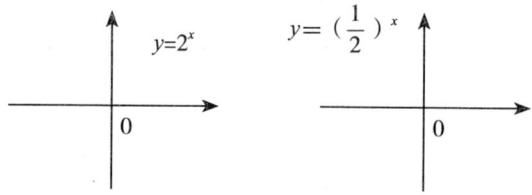 再画出$y=3x$，以及$y=(1/3)x$的函数图像.

教学过程

导学案

问题1：从画出的图像中，你能发现函数的图像与底数间有什么样的规律？
从图上看$y=a^x$（$a>1$）与$y=a^x$（$0<a<1$）两函数图像的特征.
问题2：根据函数的图像研究函数的定义域、值域、特殊点、单调性、最大（小）值、奇偶性.
问题3：指数函数$y=a^x$（$a>0$且$a\neq1$），当底数越大时，函数图像间有什么样的关系.

归纳总结：$y=a^x$的图像与性质

图像特征	函数性质
向____轴正负方向无限延伸	函数的定义域为**R**
函数图像都在x轴上方	函数的值域为（0，$+\infty$）
图像关于原点和y轴不对称	非奇非偶函数
函数图像都经过（0，1）点	$a^0=1$
从左向右看，当____时图像逐渐上升；当____时图像逐渐下降	当$a>1$时，$y=a^x$是增函数 当$0<a<1$时，$y=a^x$是减函数
图像分为两类： ①在第一象限内，图像的纵坐标都大于1；在第二象限内，图像的纵坐标都小于1。 ②在第一象限内，图像的纵坐标都小于1；在第二象限内，图像的纵坐标都大于1	当$a>1$时，$\begin{cases}若x>0，则a^x>1\\若x<0，则0<a^x<1\end{cases}$ 当$a<1$时，$\begin{cases}若x>0，则0<a^x<1\\若x<0，则a^x>1\end{cases}$

指数函数的性质：一般，指数函数$y=a^x$（$a>0$且$a\neq1$）图像与性质如下表所示：

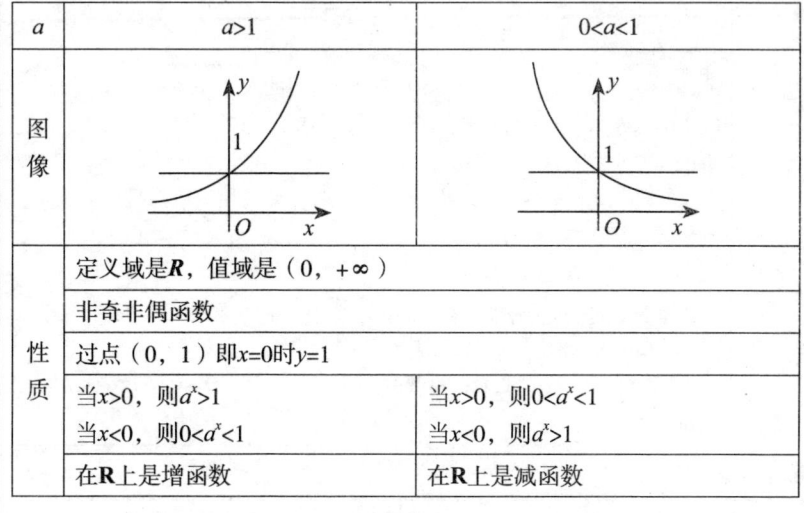

a	$a>1$	$0<a<1$
图像		
性质	定义域是**R**，值域是（0，$+\infty$）	
	非奇非偶函数	
	过点（0，1）即$x=0$时$y=1$	
	当$x>0$，则$a^x>1$	当$x>0$，则$0<a^x<1$
	当$x<0$，则$0<a^x<1$	当$x<0$，则$a^x>1$
	在**R**上是增函数	在**R**上是减函数

续表

	导学案
教学过程	以$y=2x$为例，让学生用单调性的定义加以证明。 设计意图：①让学生由初中的"看图说话"的层面，提升到高中的严格推理的层面上来。 ②学习用作商法比较大小。 难点突破：通过数形结合，利用几个底数特殊的指数函数的图像突破本节课难点。 为帮助学生记忆，教师用一句精彩的口诀结束性质的探究： 左右无限上冲天，永与横轴不沾边.大1增，小1减，图像恒过（0，1）点。 落实掌握2： 1.比较下列各题中两个值的大小。 （1）$1.7^{2.5}$与1.7^3 （2）$0.8^{-0.1}$与$0.8^{-0.2}$ （3）$1.7^{0.3}$与$0.9^{3.1}$ 2.变式训练： （1）已知$a=0.8^{0.7}$，$b=0.8^{0.9}$，$c=1.2^{0.8}$，按大小顺序排列a，b，c。 （2）比较$a^{\frac{1}{3}}$与$a^{\frac{1}{2}}$的大小（$a>0$且$a\neq 0$）。 三、达标检测，及时巩固（由易到难分为A、B、C组） A组： 1.已知以x为自变量的函数，其中属于指数函数的是（　　　）。 A.$y=5^{x+1}$　　B.$y=(-5)^x$　　C.$y=2\times 5^x$　　D.$y=(a+1)^x$（其中$a>-1$且$a\neq 0$） 2.若集合A={$y\|y=2x$, $x\in\mathbf{R}$}，B={$y\|y=x2$, $x\in\mathbf{R}$}，则（　　） A.A⊊B　　B.A⊆B　　C.A⊋B　　D.A=B 3.函数$f(x)=\dfrac{1}{\sqrt{2^x-1}}$的定义域是_____。 4.函数$y=a^{x-5}+1$（$a>0$且$a\neq 1$）的图像必经过点_____。 5.记$a=0.4^{-2.5}$，$b=2^{-0.2}$，$c=(2.5)^{1.6}$，则它们的大小关系为_____。 6.已知$0<a<1$，$b<-1$，则函数$y=a^x+b$的图像不经过_____。 B组： 7.若函数$f(x)=ax-1$（$a>0$，且$a\neq 1$）的定义域和值域都是[0，2]，求实数$a$的值。 C组： 8.已知定义域为**R**的函数$f(x)=\dfrac{-2x+b}{2^{x+1}+a}$是奇函数。 （1）求$a$，$b$的值； （2）若对于任意的$t\in\mathbf{R}$，不等式$f(t_2-2t)+f(2t^2-k)<0$恒成立，求$k$的取值范围。
教学反思：	

2. 课例分析

（1）优点。

① 准确定位教学目标。

作为一名成熟教师，执教者在导学案设计中非常注重对教材的精准定位，并依此选择自己的教学行为。导学案设计所选内容"指数函数及其性质"选自人教版高一数学必修一第二章第一节。学生在本章节的教学之前已完成对函数的解析式、图像以及单调性和奇偶性等简单的性质的学习，学习的主要内容为研究三种基本初等函数，而指数函数作为三种基本初等函数中第一类要研究的基本初等函数，其地位显得尤为重要。因此，导学案设计所选内容既要承前，将之前所学习的有关函数的描述方法、简单性质进行活学活用，同时也要启后，为后面研究对数函数和幂函数打下一个研究函数的基本方法的基础，让学生明确当碰到一个不熟悉的函数时，应该从哪些方面通过哪些方法对其进行研究。导学案设计在解决知识问题的同时，非常重视学生学习方法的积累。通过本节内容的学习，学生能够触类旁通，举一反三，掌握研究此类问题的方法。

② 落实新课改理念。

问题导向下的课堂教学对导学案的要求非常明确，即通过问题的设置，引导学生学习、思考、探究，在此基础上找到解决问题的方法，并在此基础上逐步涵养学生的学习气质。导学案设计紧扣学生的学习，以问题引导学生由浅入深，逐层推进，总体上来说比较好地落实了新课改的理念。该导学案设计有较好的层次性、逻辑性与思维含量，在教学策略的选择上充分考虑到了导学案"导学""导思""导行"的功能，突出问题的导向功能，合理分配时间及其他学习资源，注意通过情境的引入与创设激发学生的学习积极性，让学生学在其中、乐在其中，更是得在其中。整体上来说，该导学案设计较好地践行了新课改的理念，突显了学生的主体地位，也较好地落实了学校的课堂教学改革要求，是一份较为成熟的教学设计。

③注重学以致用。

这主要表现在两个方面：一是，充分发挥高考的教学导向功能。将高考对该节内容的考查要求进行直观的呈现，引导学生在学习过程中关注未来高考的可能考查方向，在建立学考结合的逻辑关联中，让学生养成将当下学习与远景目标紧密结合的思维习惯。二是，在教学设计中注重及时反馈。本设计的最后安排——分层的随堂检测，既是对学情的关照，也是对当堂所学知识及时巩固的必要而有效的策略。按照"遗忘曲线"原理，有针对性、及时地检测反馈对知识的掌握非常有效。本导学案设计将本节课所学知识与检测内容紧密结合，符合学习的规律，是很有价值和意义的。

（2）不足。

①设计需要更为规范。

其一，学习目标的呈现应更为规范。导学案设计中重难点未得到呈现，教学策略中的也未明晰重难点，作为骨干教师的教学设计来说显得不够严谨和专业。其二，教学设计应有更为清晰的学生活动呈现，而本设计未能很好体现。其三，对学生的指令应更加明晰。例如在检测中应该具体指出哪些学生完成哪个层次的学习任务，这样才不会出现随意甚至混乱的局面。

②未创设好学习情境。

新课程理念非常注重培养学生在特定的学习情境（尤其是生活情境）下解决问题的能力。数学学科作为一门基础性极强的学科，要求学生学以致用，既从生活中获得数学知识，又能用所学知识理解、解决生活中遇到的问题，它要求教师在设计中充分考虑本节课所学知识的实践应用性。而且本节内容对学生的抽象思维能力有较高的要求，这对不少学生来说是一个不小的挑战。因此，就本节课的设计来看，因教师这方面考虑得不够，很可能出现学生跟不上思路和课堂学习节奏的现象；或者是看似完成了教学任务，但实际效果并不理想；或者是教学进程推进非常艰涩，表现出来就是学生在课堂上讨论不积极，展示不主动。以上所有现象都提醒教师在教学设计中不能单纯只考虑知识是什么的问题,还要考虑如何让知识在学生脑中落地生根的问题。

(三)"教学设计"大赛案例分析

1. "教学设计"典例(表5-5、表5-6)

表5-5

《低压(气旋)、高压(反气旋)与天气》教学设计

【教材版本】

高一地理人教版必修1第二章第三节"常见天气系统"第二课时"低压(气旋)、高压(反气旋)与天气"。

【课标要求及解读】

2003版课程标准:运用简易天气图,简要分析高压、低压等天气系统的特点。

2017版课程标准:运用示意图,分析低压(气旋)、高压(反气旋)等天气系统,并运用简易天气图,解释常见天气现象的成因。

另外,由于本课题还涉及台风等气象灾害实例,因此与课程标准中的"以某种自然灾害为例,简述其发生的主要原因及危害"有所关联,可在本节课稍做说明,帮助学生理解。

本节课有很强的实践性,气压系统对我国的影响很大,新旧课标都要求结合简易天气图。简易天气图是学生在日常生活中经常能接触到的,因此本节课可以较好地贯彻落实地理核心素养的培养,新课标在这节课内容上比以往的要求更高,要求表述更加规范和科学。本节课注重读图(表)能力的培养,需要学生能够阅读气压系统的示意图,并且能够运用示意图来分析气压系统,能运用天气图分析天气状况,解释常见的天气现象。气压系统的特点以及在它们控制下的天气状况,可从气压、湿度(包括降水)、风等方面来分析。引导学生关注生活,注重对学生利用所学知识分析问题的综合思维和实践能力的培养。

【教材内容分析】

本节内容是必修1第二章第三节"常见天气系统"的第二课时,是在学习了第二章前两节大气环流等关于大气的基础知识的延伸。高压、低压是生活化、实用性高的常见天气系统,与"锋与天气"处于并列关系,并为下一节全球气候变化奠定基础。

教材主要介绍了高气压和低气压的概念界定,并通过图像系统设置要求学生进行判读;文字表述和示意图、天气图结合呈现低压(气旋)、高压(反气旋)的形成、气流特点、天气特点,并以活动问题的形式引发学生思考;最后是以案例栏目,图文和数据的形式呈现台风、寒潮的相关知识和案例。

续表

【学情分析】

1.通过高一地理必修1第二章前两节以及锋面系统的学习,学生对气温、气压、降水、天气系统等概念已经有了一定的认知,可以为本节课的学习做好铺垫。但是学生对于某些概念的理解往往不够深入,因此常出现混乱的情况,特别是对于高压低压、风向以及降水的条件仍无法准确理解和表述。

2.虽然学生对生活中的天气变化(特别是台风)有着直接的体验,但缺乏对天气及其变化的关注和思考,对天气的成因尚缺乏理性的认知。且本节课新的地理概念较多,内容也较抽象,需要学生具备一定的空间想象力和逻辑思维能力。

3._____中学的学生基础较差,学生的想象力和逻辑思维能力稍欠缺,对于教材的阅读和提取信息的能力也有限。由于地理在中考中不做要求,因此对于刚进入高中学习才两个月的我校学生来说,本节课的内容有点难以理解,学生利用所学知识解决生活中真实问题的地理素养还有待提高。

因此,本节课的学习,要注重化抽象为形象,从学生的日常生活出发,在教学过程中多引用身边的事例。在学生自主探究之前,应先落实好关于"低压""高压""风""水平气压梯度力""降水"等概念的回顾和解释,这是学生理解新知识的逻辑起点,教学过程也要多采用图片、视频等形式辅助教学,帮助学生更好地理解和探究高压、低压系统对天气的影响。

【设计特色】

本设计以"问学"模式贯穿了整个教学,充分体现"导-学-展-评-测"的过程,切合新课程改革的理念和"学生主体、教师主导"的思想,有利于调动学生的积极性,激发学生学习地理的动力,优化课堂氛围,提高课堂效率。

【教学目标】

一、三维目标

(一)知识与技能目标

1.观察气压分布示意图,判读高气压和低气压,理解气旋、反气旋的概念;

2.判读天气图,说明气旋和反气旋的形成、气流特点;

3.通过示意图的分析,从气压、湿度(包括降水)、风等几个方面分析综合出各种天气系统控制下的天气状况以及天气系统移动前后的天气变化。

(二)过程与方法目标

1.通过观察判读气压分布示意图和天气图,以及绘制气旋和反气旋的气流运动方向,掌握读图和绘图的方法,提高通过图像获取并分析地理信息的能力;

2.通过小组合作探究和展示,提升合作意识以及沟通、表达的方法和能力。

（三）情感态度与价值观目标

1.通过阅读天气图，培养理论联系实际的能力，能够更加科学地认识不同天气现象背后的原因，树立用知识为生产生活服务的观念，培养地理学科素养和学习地理的兴趣，体会到地理的价值和意义；

2.通过对天气系统实例的了解，认识地理要素间相互影响、相互渗透、相互制约的辩证关系，能更辩证地看待地理现象，认识到其各有利弊。

二、素养目标

1.区域认知：能够根据天气云图或天气预报，辨别天气系统的特点和对我国某区域的影响；

2.综合思维、人地协调观：能够结合新闻中的天气现象，根据相关材料，简要分析天气系统是如何影响该地区的天气变化。并解释该天气系统是怎样对人类活动产生影响的，人类又是如何利用该天气系统进行生产生活的；

3.地理实践力：结合生活体验，根据材料开展小组合作探究，借助天气云图，对低压和高压进行深入观察，并尝试做出解释，提高与他人交流和表达的能力，培养团队合作意识，提高理论联系实际、学以致用的能力。

【教学重难点】

1.教学重点：运用示意图，并结合简易天气图，判断高压、低压系统，分析其天气特点；

2.教学难点：气旋、反气旋的概念，气流运动方向（特别是垂直方向的气流）及其影响下的天气特点。

【教学思想与教学方法手段】

1.教学思想：在建构主义看来，"学习不是知识由教师向学生的传递，而是学习者在原有的知识经验基础上，在一定的社会文化环境中，主动对新信息进行处理，构建知识的意义过程"。因此本教学设计秉承"学生为主体，教师为主导"的思想，着眼于学生的最近发展区和前知识，逐步帮助学生构建起新知识和已有知识的联系，引导学生通过合作探究完成内容的学习；

2.教学方法和手段：通过情境教学法、小组合作学习等方法，采用多媒体课件辅助教学的形式帮助学生完成该内容的探究学习。

【教学过程】

课前：学生利用自身的学习资料完成导学案的自主学习部分（独学）。

自主学习部分既包括对水平气压梯度力、风的画法与风向等前知识的复习以及对新知识的预习

表5-6

教学环节	教学活动		设计意图
	教师主导活动	学生主体活动	
创设情境导入新课	生活在广东的我们都知道，我们这里是长夏无冬，夏天很热，但是老师之前在看天气预报的时候留意到一个地方居然比我们这里还要热，我们来看看	根据自身体验和观察回答问题	通过贴近生活激发学生的学习兴趣
	为什么会产生这种情况呢？我们来看一段视频。播放新闻"都是副热带高压惹的祸"，设疑"从视频中可以提取什么信息？为什么说高温是副热带高压惹的祸？还有什么天气现象？"	认真观看视频，回答问题	通过观看视频，了解一些基本的天气要素和天气现象，可以为后面学习高压、低压天气系统做铺垫
过渡	我们可以发现天气现象瞬息万变，如有雨雪、晴朗、大风等天气现象，这些都跟我们今天要讲的天气系统密切相关。例如视频里所讲的天气现象就跟高气压天气系统有关，我们一起来看看高压是个什么东西？又会影响什么？		从视频现象引出"高气压"的概念，过渡到新课的学习
前知识讲解（导学）	以北半球为例，通过PPT动画演示和在黑板上绘图对高气压的水平和垂直气流运动方向进行讲解。 北半球　　　　北半球 1025高　　　　1025高 1000　　　　　1000 975　　　　　　975 ----水平气压梯度力　　——气流运动方向 ——风向	认真听讲、思考教师的提问并回答问题	通过引导和提问，帮助学生更深入地理解高压系统的气流运动方向，特别是垂直气流的运动及其对天气的影响，并且用蓝色过渡到红色的颜色变化，帮助学生理解空气在下沉过程中升温，不容易凝结产生降水，因此常出现晴朗天气。这样既符合知识的逻辑关系，也符合学生的认知规律，能更好地帮助学生理解和记忆

续表

教学环节	教学活动		设计意图
	教师主导活动	学生主体活动	
过渡	因此，我们可以看到高压系统通常形成下沉气流，多晴朗的天气，长江流域的伏旱天气果然就是"副热带高压"惹的祸啊。所以对于长江流域的人们来说，此时最渴望什么？ 如人们所愿，台风摩羯登场。台风其实就是一个低压系统	根据自身体验和观察回答问题	通过贴近生活和有趣的图片激发学生的学习兴趣
合作探究 （对学） （群学）	分小组讨论低压系统在南北半球分别会有怎样的气流运动和天气现象，完成探究部分的其他两个图。 （讨论时间为3分钟） 到各个小组察看讨论情况，有针对性地解答小组讨论时的疑惑。并选取两个小组到黑板上进行绘图	先进行小组内部的"对学"，再针对小组内部存在不同观点的地方进行讨论，统一出小组的最终答案	学生在具备前知识的情况下进行这部分内容的讨论是可行的。可以培养学生探究地理问题的能力，并且形成合作学习的习惯。
学生展示 （"展"）	选取另外两个学习小组分别对黑板上两个小组的成果进行点评和讲解	小组代表上台向全班同学讲解展示讨论结果和点评	培养学生的表达能力和逻辑思维能力
点评和小结 （"评"）	指出学生展示时存在错误或表达不规范的地方，特别是低压系统形成的天气现象。PPT通过表格小结高压与低压的相关知识点，在这里再总结气流的运动特征，引出"气旋"和"反气旋"的概念，并展示相关的天气实例图片。 （展示图片：台风摩羯果然给长三角带来了降水）	回答问题，并总结整理，订正学案	点出学生存在不足的地方，帮助学生巩固知识。在总结时再次引出气旋反气旋的概念，可以让学生对概念更加清晰，避免在探究过程造成困扰和混乱

续表

教学环节	教学活动		设计意图
	教师主导活动	学生主体活动	
点评和小结（"评"）	（小结表格） | 天气系统名称	低压（气旋）	高压（反气旋）
---	---	---
空间示意图	上升	下降
气压状况	气压值中心低、四周高	气压值中心高、四周低
气流流向	辐合上升	辐散下沉
天气状况	多阴雨天气	多晴朗、干燥天气
我国典型的天气	夏秋季节东南沿海地区经常出现的台风天气	长江流域七、八月份的伏旱天气			
过渡	然而，影响我们国家的低压系统不只是台风，老师在2019年12月13日的天气图里发现了很特别的现象。在东北地区的一个低压系统的狭长区域，居然还存在我们上节课所学的冷锋和暖锋天气系统，而蒙古地区的高压却没有锋面系统，这是为什么呢？		
讲解（导学）	截取这一部分区域，对锋面系统的形成进行讲解	认真听讲、思考教师的提问并回答问题	运用实际的简易天气图进行讲解，让学生更加感受到生活中处处有地理知识，有利于提高学生的地理实践力
过渡	老师把这个图截取和简化了一下，下面我们来探讨一下具体的问题，检验一下大家上节课以及这节课的学习成果		
自主探究（独学）（"测"）	学生自主完成"课堂情境探究"的题目（时间为5分钟）。 （教师到学生中去巡视完成情况。） （1）图中甲、乙两地，从气流运动状况看，甲是____天气系统；乙是____天气系统；乙处垂直方向空气____运动，天气晴朗的是____（甲/乙），气温日较差较小的是____（甲/乙）。	自主完成"课堂情境探究"的题目	当堂练习和探究，及时检测学生的学习成果

续 表

教学环节	教学活动		设计意图
	教师主导活动	学生主体活动	
自主探究（独学）（"测"）	（2）风向：丙地吹_____风，丁地吹_____风，丙、丁中风力大的是_____，理由是_____。 （3）锋面雨区的位置主要位于_____（A、B、C、D）		
合作探究（对学）（群学）	分小组讨论情境探究的题目，教师到各个小组察看讨论情况，有针对性地解答小组讨论时的疑惑	先进行小组内部的"对学"，再针对小组内部存在不同答案的地方进行讨论，统一出小组的最终答案	培养学生探究地理问题的能力，且形成合作学习的习惯
学生展示（"展"）	选取一个学习小组，投影该小组的答案，再选取另外一个小组上台进行点评和讲解。组织引导大家进行质疑和补充	小组代表上台向全班同学讲解展示讨论结果。其他小组同学有不同意见可以质疑和提出不同观点	培养学生的表达能力、逻辑思维能力和辩证思维
点评和小结（"评"）	及时表扬学生展示突出的地方，指出存在的错误或尚未解决的问题，并小结做题的方法	回答问题，并总结整理，订正学案	点出学生存在不足的地方，帮助学生巩固知识
总结	通过板书概念图，帮助学生梳理本节内容的逻辑结构和重点	跟着老师的思路回忆本节课的学习内容	及时总结和构建概念图，可以帮助学生巩固知识和明确重难点

2. 课例分析

（1）优点。

①落实新课改理念，思路清晰。

本教学设计很好地体现了问题导向下的课堂教学理念，密切关注学生活动，突出学生的主体地位；整个流程按"导—学—展—评—测"的模式依次推开，层次清晰；充分发挥问题在课堂教学中的导引功能，脉络清晰；学生学习活动丰富多样，既有"独学"，也有"对学"和"群学"；将学生的展示交流活动放在显要的位置进行强调突出，彰显了学生在课堂教学中的主体地位。

②关注设计背景，注重实效。

一份优秀的教学设计必然是以师生的现状作为出发点，忌讳完全以教师为中心的设计思路。该教学设计对教情、学情、考情、设计理念及特色追求等都有比较明晰的阐述，这使得其具有较强的针对性。该教学设计还注重学生的活学活用，通过师生对话、生生交流、学生展示等学习活动充分激活学生，让知识得到及时的巩固。

（2）不足。

①教学目标的设置不合理。

用三维目标作为本教学设计的学习目标显然不能契合新课改的要求。但设计者在目标阐述中又提及学科素养，这反映出其思维的混乱。

②设计的清晰度不够。

本教学设计比较突出的问题在于学习任务的布置不够明晰、学生的展示方式不明确，容易导致课堂教学实施过程的混乱。

第六章

问题导向下的课堂教学成果示例：基于发展的思想碰撞

一、教学设计

（一）古典诗歌新授课导学案（教师版）

表6-1

课题	《苏幕遮》	主备人		备课组成员	
课型	新授课	课时	一课时	授课人	
备课内容					
学习目标	1.通过诵读技巧的指导，让学生深切体会作品的情感； 2.通过揣摩词的语言，体会词的意蕴，培养学生的想象力				
学习重点难点	1.朗读指导； 2.揣摩语言，体会意境，培养想象力； 3.体会作者的感情变化				
教法学法	诵读法、探究法				
教具准备	多媒体				

续 表

导学案	二次备课
一、导入新课 "人穷则返本""落叶归根"等俗语说明了中国人烙印在骨子里的思乡情结。例如： 苏幕遮（北宋·范仲淹） 碧云天，黄叶地，秋色连波，波上寒烟翠。山映斜阳天接水，芳草无情，更在斜阳外。 黯乡魂，追旅思，夜夜除非，好梦留人睡。明月楼高休独倚，酒入愁肠，化作相思泪。 这首词说的是： 蔚蓝的天空下，黄叶铺满了大地。一望无边的秋色与湖水、远天相连，水上泛起迷茫苍翠的雾气。在水天相连的地方，远山衔着夕阳。无情的芳草，一直伸展到了斜阳之外的天边。 思念故乡的忧伤，追忆旅途的愁苦，彻夜难眠，除非夜夜做一宿好梦，才能使人安睡。月儿高高的挂在天上，映照这高楼，（我）独自倚在栏杆上。想喝杯酒解解愁，酒入愁肠，都化为点点相思泪。 无巧不成书，一首同样是北宋时期，同样是表现思乡之情，而且是同样词牌名的《苏幕遮》则出自另一位伟大词人之手，他就是——周邦彦！今天我们就来学习周邦彦的《苏幕遮》。 **二、教学过程** （一）自主学习 1.作者简介 江南名人之周邦彦 周邦彦：（1056—1121）北宋著名词人。字美成，号清真居士，钱塘（今浙江杭州）人。历任太学正、庐州教授、溧水知县等。徽宗时为徽猷阁待制、提举大晟府。精通音律，曾创作不少新词调。作品多写闺情、羁旅，也有咏物之作。格律谨严。语言典丽清雅。长调尤善铺叙。为后来格律派词人所宗。旧时词论称他为"词家之冠"。有《清真居士集》，已佚。 前人评周邦彦写词"擅长写景咏物，精工词语，铺叙中，曲折，变化，回环。"——张炎《词源》。	

教学过程

教学过程	导学案	二次备课
	2.通过预习、诵读,思考以下问题 问题一:从结构看,词的上阕下分别侧重写什么? 明确:上阕写景,下阕抒情。 问题二:词的下阕抒情,抒发了一种什么情感? 明确:思乡之情。 (二)合作探究 1.朗读:"燎沉香,消溽暑。鸟雀呼晴,侵晓窥檐语。 叶上初阳干宿雨,水面清圆,一一风荷举。" 思考: 上阕的景中有哪些意象?这些意象构成了一幅怎样的画面?从感官上来讲,词人是从哪三个角度来描写这幅画的? 2."鸟雀呼晴,侵晓窥檐语"。赏析"呼"和"语"。 3.佳句赏析。找出你认为这首词中写得最好的句子,细细品味它妙在何处。("水面清圆,一一风荷举") 4.朗读"故乡遥,何日去? 家住吴门,久作长安旅。五月渔郎相忆否? 小楫轻舟,梦入芙蓉浦。" 思考: (1)通过哪些句子能够看出作者是表达思乡之情的? (2)作者上阕写荷花,下阕直接写思乡,你觉得突兀吗?结合课后习题第二题,想想联系上下两阕感情纽带的是哪个意象? 5.如何理解"五月渔郎相忆否? 小楫轻舟,梦入芙蓉浦"。 (三)展示交流 1.朗读:"燎沉香,消溽暑。鸟雀呼晴,侵晓窥檐语。 叶上初阳干宿雨,水面清圆,一一风荷举。" 思考: 上阕的景中有哪些意象?这些意象构成了一幅怎样的画面?从感官上来讲,词人是从哪三个角度来描写这幅画的? (1)意象:沉香、鸟雀、初阳、荷叶、水面、荷花。 (2)画面:整幅画面清新自然,从容淡雅。	

续表	
导学案	二次备课

	导学案	二次备课
教学过程	（3）燎沉香，消溽暑。（嗅觉）。 （4）鸟雀呼晴，侵晓窥檐语。（听觉）。 （5）叶上初阳干宿雨，水面清圆，一一风荷举。（视觉）。 2."鸟雀呼晴，侵晓窥檐语"。赏析"呼"和"语"。 （1）拟人："呼"字，极为传神，充满人性化，暗示昨夜降雨，今朝放晴。"侵晓窥檐语"，更是鸟雀多情，窥檐而告诉人以新晴之欢，生动而有风致。 （2）反衬："蝉噪林愈静，鸟鸣山更幽"的以闹写静写法。 3.佳句赏析。找出你认为这首词中写得最好的句子，细细品味它妙在何处。（"水面清圆，一一风荷举"） 这两句词不事雕饰，风格简约，而荷之神态、精神跃然纸上。 首先，这句词有一种简约的构图美。水面是平的，"清圆"的荷叶及荷叶上的雨滴是圆的，而亭亭玉立的荷茎又是垂直的。这种几何图形般的简约造型，让读者过目不忘，似乎有王维"大漠孤烟直，长河落日圆"的精髓。 其次，这两句炼字的功夫了得。"一一"把荷叶在水面上错落有致、疏密相间、高低起伏的层次刻画得惟妙惟肖。简单的一个"风"字，把微风吹过荷塘，荷叶随风轻轻摇动的姿态不动声色地勾勒出来了。"举"把荷茎修长挺拔、英姿飒爽的精气神表现得淋漓尽致。"风"造成了左右摇摆的力，"举"代表向上的力，荷在风中"举"，具有动感，尤见精神。——王国维认为这两句词，"真能得荷之神理者"。 4.朗读："故乡遥，何日去？家住吴门，久作长安旅。五月渔郎相忆否？小楫轻舟，梦入芙蓉浦。"思考： （1）哪些句子能够看出作者是表达思乡之情的？ 故乡遥，何日去？家住吴门，久作长安旅。 （2）作者上阕写荷花，下阕直接写思乡，你觉得突兀吗？想想联系上下两阕感情纽带的是哪个意象？	

	导学案	二次备课
教学过程	"风荷"。词人的家在南方，可是他长期羁留京城，旅居他乡。此时家乡的西子湖畔，必定满是"水面清圆，一一风荷举"的景致。 词人从眼前的"风荷"想到了家乡，进而发出这样的感叹：故乡是那样遥远，我何时才能回去呢？ 5.如何理解"五月渔郎相忆否？小楫轻舟，梦入芙蓉浦"。 如果说前面都是写实景，那么最后一句就转入了对虚构梦境的描写。思乡情切，以致梦中飞渡，恍若回到故乡，与友人一起小楫轻舟畅游芙蓉浦，全词以如梦似幻的乡愁、乡梦结束。 杜甫在《月夜》中表达思念妻子之情，是这样表达的："今夜鄜州月，闺中只独看。遥怜小儿女，未解忆长安。" 明代王嗣奭在《杜臆》中说："公本思家，偏想家人思己，已进一层。念及儿女不能思，又进一层。"周邦彦此词，有异曲同工之妙。 作者思念家乡之人，却不直说，而是说渔郎是否记起自己，不仅把自己对家乡、对朋友的思念之情表达得更加细腻真切，而且使得不落俗套的意境又进一层。王国维赞之曰："词中老杜，非先生不可。" （四）师生小结 1.艺术特色 语言自然、淡雅素洁，词境清新爽朗。 2.主旨 通过回忆想象联想，以荷花贯穿，既细致传神的写景状物，又颇有诗意地表达了思乡之情。 （五）巩固拓展 背诵全诗。	
教学反思：		

（二）古典诗歌专题教学导学案（教师版）

表6-2

课题	诗歌的时空构思艺术		主备人		备课组成员	
课型	新授	课时	一课时	总课时	一课时	授课人

备课内容	
学习目标	1.梳理所学过的有关时空的诗歌。 2.掌握诗歌中利用时空进行构思的艺术手法。 3.运用诗歌中的时空概念理解诗歌。
学习重点难点	1.时空与诗歌建构之间的关联。 2.利用时空解读诗歌，并将诗歌理解与提升应试相结合。 3.透过诗人构建的时空，品读出诗人丰富的精神世界。
教法学法	合作探究法、展示法
教具准备	多媒体

导学案	二次备课
【课题背景】 在高二上学期，我们重点讲了粤教版必修五及《唐诗宋词元曲选读》，在古典诗歌的教学上花了很多时间，学生通过学习也积累了一些鉴赏诗歌的方法。其中，我们谈到了一种通过诗人的时空构建来解读诗歌的方法，学生对此有了一些认知，也积累了一定的相关诗歌。本节课是高二下学期的一节课，高二年级是承上启下的一个阶段。我们首先要对前面所学的知识进行一些梳理，也为以后的诗歌学习打下坚实的基础。 【使用说明】 在上课前一天下发导学案，由于教学过程一至四部分的诗歌学生都接触过，建议以学生自主探究为主，要求学生前一天完成，在课堂上让学生展示，老师适时疏导即可，预计用时20分钟左右；课堂演练部分先给学生比较充分的时间进行讨论，然后再展示交流。	

（教学过程行标题）

	导学案	二次备课
教学过程	【教学过程】 一、阅读陶渊明的《归园田居》其一，探讨问题。 　　　　少无适俗韵，性本爱丘山。 　　　　误落尘网中，一去三十年。 　　　　羁鸟恋旧林，池鱼思故渊。 　　　　开荒南野际，守拙归园田。 　　　　方宅十余亩，草屋八九间。 　　　　榆柳荫后檐，桃李罗堂前。 　　　　暧暧远人村，依依墟里烟。 　　　　狗吠深巷中，鸡鸣桑树颠。 　　　　户庭无尘杂，虚室有余闲。 　　　　久在樊笼里，复得返自然。 1.谈谈作者在空间上的构思特点。 答：诗歌主体是写回田园之后的生活，作者以自己目之所及，尽情叙写眼前所见之景，所写之景在空间中腾挪，情感也随之摇曳。 2.能找出一首以时间顺序来创作的诗歌吗？ 答：《琵琶行》。本诗总体上以时间为顺序（除琵琶女的插叙），送客—偶遇—听琴—述世—感怀—再听琴—抒怀。 3.试概括这类诗歌在时空上构思的特点。 答：总体上是以时空为顺序的方式进行构思。这类诗歌是以时间或空间的顺序来展开的，这种情形在长篇叙事诗中非常常见。此外，一些山水诗中也常用这种构思手法。 二、阅读以下两首诗，探讨问题。 1.刘禹锡《乌衣巷》：朱雀桥边野草花，乌衣巷口夕阳斜。旧时王谢堂前燕，飞入寻常百姓家。 2.岑参《发临洮将赴北庭留别》：闻说轮台路，连年见雪飞。春风曾不到，汉使亦应稀。白草通疏勒，青山过武威。勤王敢道远？私向梦中归。 谈谈这两首诗在时空上的构思特点。	

	导学案	二次备课
教学过程	答：《乌衣巷》这首怀古名篇从表面看，诗人只写了金陵城乌衣巷内的一段景色：有几许破败的朱雀桥边的一丛野花，映照着墙体斑驳的乌衣巷的一抹残阳，一对体态轻盈而不知愁为何物的寻巢老燕。画面宁静而简单，但诗人巧妙地将时间浓缩，让四百年前的"王谢堂前燕"与眼前寻常百姓家的燕子重叠起来，将两个历史画面的时间距离压缩，曲折地寄寓出物是人非、兴废成败的历史浩叹。 《发临洮将赴北庭留别》这首诗的前三联，诗人以自己所处的位置（临洮）为中心，思接千里，设想将来自己要去的（北庭）的"胡天八月即飞雪"的壮美情景和北庭的"飞雪""白草""青山"等意象和北国冰封雪飘的严寒——牵拽至自己的身边，千里的空间距离浓缩于自己一马之前，形象具体地写出了即将出发的复杂矛盾的心理。 这类诗在时空上最大的构思特点就是将时空高度概括浓缩。诗歌要求在极短的篇幅中传情达意，必须借助精练的语言承载内容。在一首几十字的诗句中时空不能无限延伸、拓展，这让时空的高度浓缩成为必然。 三、阅读以下三首诗，探究诗歌在时间、空间构思上的特点。 1.高适《除夜作》：旅馆寒灯独不眠，客心何事转凄然？故乡今夜思千里，霜鬓明朝又一年。 2.王维《九月九日忆山东兄弟》：独在异乡为异客，每逢佳节倍思亲。遥知兄弟登高处，遍插茱萸少一人。 3.崔护《题都城南庄》：去年今日此门中，人面桃花相映红。人面不知何处去，桃花依旧笑春风。 答：《除夜作》《九月九日忆山东兄弟》是羁旅思乡之作，明明是写自己对远方亲友的思念，但作者宕开一笔，转而写远方亲友对自己的思念，以空间换时间，由单方的相思变为两地相思，使相思之情更为深婉动人。此外，杜甫的《月夜》也是这种构思方法。 《题都城南庄》诗人从"此门"这一固定的空间中，巧妙地截取了去年和今日两幅画面，在两相对照中抒发万千感慨。此外，《念奴娇·赤壁怀古》也是这种构思方法。	

	导学案	二次备课
教学过程	这种诗歌的构思方法称为时空的置换，指的是在同一时间背景下，写不同空间的物景人事；或是在同一空间背景下，写不同时间的物景人事。这种手法在羁旅思乡、怀古或送别的诗歌中较为常见。 四、阅读下面诗歌，探讨诗歌在时空上的构思特点。 李商隐《夜雨寄北》：君问归期未有期，巴山夜雨涨秋池。何当共剪西窗烛，却话巴山夜雨时。 答：作者在《夜雨寄北》这首诗中借助丰富的想象，巧妙地安排时空，在空间上从"巴山"到"西窗"，再到"巴山"，空间往复对照；在时间上由今宵、他日，折回到今宵，时间往复对比。其中君问归期是过去，是来自北方的热切期盼；巴山夜雨是眼前，是客居南方的无限思念；西窗共话是将来，同时又是北方重逢的想象；西窗共话巴山夜雨，又把镜头拉回了现在，拉回了南方。这首短诗，在话语的起承转合中时间和空间经历了数度跳跃，艺术构思新颖奇特。 这首诗运用了时空交融的构思方法，是指在同一首诗中，时空的各种意象错综汇集而为一体。 五、实战演练。 阅读下面诗歌，谈谈诗人是如何通过时空构建来抒发情感的。 1.江天一色无纤尘，皎皎空中孤月轮。江畔何人初见月？江月何年初照人？人生代代无穷已，江月年年望相似。不知江月待何人，但见长江送流水。——张若虚《春江花月夜》 2.太乙近天都，连山接海隅。白云回望合，青霭入看无。分野中峰变，阴晴众壑殊。欲投人处宿，隔水问樵夫。——王维《终南山》 3.邯郸驿里逢冬至，抱膝灯前影伴身。想得家中夜深坐，还应说着远行人。——白居易《邯郸冬至夜思家》 4.客舍并州已十霜，归心日夜忆咸阳。无端更渡桑干水，却望并州是故乡。——刘皂《渡桑乾》	

导学案	二次备课
参考答案： 1.《春江花月夜》，诗人面对喷洒着清辉的明月展开了无限的遐想。个体生命有生有死，那一轮明月却没有任何改变，见证了人世的沧桑。诗人的这种思考，已使明月代表了一种永恒。而诗人也由此展开了对宇宙、历史的反思。在这里诗人把眼前之月与历史之月巧妙地融为一体，正是将时间的高度浓缩的技法写出如此高妙的诗作。 2.《终南山》这首诗通过诗人的移步换景，展现了终南山的各个层面。诗人移植了画中"多重透视"的技法，从不同的角度立体地呈现了终南山。这是典型的按照空间顺序来创作的一首诗。 3.《邯郸冬至夜思家》这首诗表面上是说自己在冬至夜里，客居邯郸驿不由自主地思念远在异地的亲人。但诗歌的第三、四两句话锋一转，转而写家乡人正在谈论着、思念着自己。这样诗歌由单向的思念变为双向的思念，使思念之情更为深挚。 4.《渡桑乾》这首诗的前半写久客并州的思乡之情。十年累积起的乡愁，使诗人无时无刻不想回去。但出乎诗人意料的是，由于在并州住了十年，不知不觉地对并州也同样有了感情，它已经成为诗人心中第二故乡。所以当再渡桑乾，回头望着东边越去越远的并州的时候，另外一种思乡情绪，即怀念并州的情绪，竟然出人意料地、强烈地涌上心头，从而形成了另外一个沉重的负担。诗人巧妙运用时空交织的艺术，把空间上的并州与咸阳，和时间上的过去与将来交织在一处，而又以现在桑乾河畔归途所感穿插其间，纵横映衬，宛转吟情。 【随堂检测】 1.（2015湖北卷）阅读下面这首宋诗，然后回答问题。 劳停驿 欧阳修 孤舟转山曲，豁尔见平川。 树杪帆初落，峰头月正圆。 荒烟几家聚，瘦野一刀田。 行客愁明发，惊滩鸟道前。 注：此诗为欧阳修被贬峡州夷陵令时作。劳停驿，驿站名。	

导学案	二次备课

（1）简要说明此诗前两联景物描写的时空变化。
答：_____
 	
（2）简要分析第三联中"荒""瘦"二字的妙处。
答：_____
 	
2.阅读诗歌，完成问题。
 	
     送人还荆州
      皇甫曾
  草色随骢马，悠悠同出秦。
  水传云梦晓，山接洞庭春。
  帆影连三峡，猿声近四邻。
  青门一分手，难见杜陵人。
 	
（1）诗歌的颔联运用了什么表现手法？有什么作用？
答：_____
 	
（2）结合具体诗句，说说这首诗是如何围绕"送"字表达情感的？
答：_____	

教学过程

	导学案	二次备课
教学过程	参考答案： 答：（1）①此诗前两联写景，时空变化丰富。从时间节点看，可分为两个时段，第一联为舟行之时（白昼），第二联为泊舟之后（暮夜）。从取景空间来看，一句一景，富于变化。孤舟山曲、豁尔平川、树杪帆落、峰头月圆，远、近、高、低，布置巧妙。 ②从用字自然传神来看：缕缕荒烟，几户人家，在暮色笼罩之下，尤显荒凉冷落；瘦野薄田，狭促如刀，瘦瘠之至。"荒""瘦"二字乃平常字眼，但在此运用十分贴切，显得自然而工稳，传达出诗人对"荒村""瘦田"的第一感觉，具有很强的感染力。从情感寄寓来看："荒""瘦"二字，包含地僻、田瘦等多重意义，寄寓了诗人对山民的怜悯、关切，以及诗人被贬蛮荒的失意，极好地丰富了全诗的情感内涵。 （2）①运用想象（虚实结合）。作者由眼前之景借助空间的跨越想象洞庭湖、荆州一带的山水美景，将空间高度压缩。作者以此流露出对游人一路山高水长、孤独寂寞的关切。 ②先写送别友人同出秦川（表达留恋之情），再想象将去之地的风光和途中的风景（表达牵挂之情），最后写一别再难相见（直接表达对友人的不舍之情）。	

教学反思：

（三）古典诗歌新授课导学案（学生版）

表6-3

课题	《短歌行》		主备人		备课组成员	
课型	新授	课时	一课时	总课时	一课时	授课人
备课内容							
学习目标	1.反复诵读，有感情、有节奏地朗读，达到能够背诵的程度。 2.通过反复诵读，体会作者运用了哪些艺术手法来抒发他的内心情感。 3.体会曹操对"忧"的超越以及体现出的积极进取的精神。					
学习重点难点	1.把握诗歌的思想内容。 2.掌握诗歌抒情表意的方法。					
教法学法	诵读法、合作探究法、展示法					
教具准备	多媒体					
教学过程	导学案					二次备课
	课前预习案 【滴水穿石·夯实基础】 1.关于题目《短歌行》 《短歌行》是汉乐府曲调名，"长歌""短歌"是指歌词音节的长短。《短歌行》是曹操按旧题写的新辞，原作共两首，课文是第一首，是曹操的传世名篇之一。 2.曹操（155—220），字孟德，东汉人。三国魏著名政治家、军事家、文学家。作为政治家（丞相）：他在北方屯田，兴修水利；用人唯才，吸纳地主阶级中下层人物，抑制豪强，加强集权，所统治地区的社会经济得到恢复和发展。作为军事家（统帅）：讨董卓，削平群雄，击灭袁术、袁绍，统一北方，形成与吴、蜀鼎立的局面。指挥的官渡之战是中国历史上著名的以弱胜强的战例。著有《孙子略解》《兵书要接》。作为文学家：					

导学案	二次备课
精通音律，善诗歌，即使在鞍马劳顿中，也常常横槊赋诗。"御军三十余年，手不舍书……登高必赋，及造新诗，被之管弦，皆成乐章。"作品风格苍劲悲凉。曹操是建安（汉献帝年号）文学的开创者和组织者，其诗直接继承汉乐府民歌的现实主义传统。他的创作一方面反映了社会的动乱和民生的疾苦，一方面表现了统一天下的理想和壮志。反映战乱和民生疾苦的《蒿里行》，反映个人政治抱负的《短歌行》，写景的《观沧海》，抒情的《龟虽寿》等，具有"慷慨悲凉"的独特风格，这种风格被称为"建安风骨"或"魏晋风骨"。 他以海纳百川的胸襟，召集当时的许多著名文人，集中在邺下，公谯唱和，形成了一个文学集团，促进了建安文学的繁荣。 3.写作背景：建安十三年，曹操在败吕布、平袁术、灭袁绍的基础上，统一了北方。这年冬天，他亲率83万大军，列阵长江，欲一举荡平"孙刘联盟"，统一天下。结果在赤壁之战中失利，被周瑜杀得大败而归。当时的曹操已经53岁了，面对战乱连年，自己统一中原的事业仍未完成的社会现实，曹操忧愁幽思，苦闷煎熬。但他并不灰心，仍以统一天下为己任，决心广泛延揽人才，招纳贤士，致力于建功立业。 【自主学习·整体感知】 1.熟读全诗，梳理诗中的语言基础知识，排除文字障碍，把握诗意。 2.找出文章中的典故。 3.你认为这首诗感情色彩最浓烈的字是哪个？为什么？	

导学案	二次备课
4.我的疑问：（每人至少写出一个。） _____ _____ _____ 　　　　　　课内探究案 【合作探究·研读剖析】 1.本文运用了哪些艺术手法？表达了作者怎样的情思？ _____ _____ _____ 2."诗言志"，结合曹操的"忧"，说说诗人抒写了什么"志"？结合实际谈谈自己的志向。 _____ _____ 【相关链接】 　　　　　　龟虽寿 　　神龟虽寿，犹有竟时。 　　腾蛇乘雾，终为土灰。 　　老骥伏枥，志在千里。 　　烈士暮年，壮心不已。 　　盈缩之期，不但在天； 　　养怡之福，可得永年。 　　幸甚至哉！歌以咏志。 　　　　　　观沧海 　　东临碣石，以观沧海。 　　水何澹澹，山岛竦峙。 　　树木丛生，百草丰茂。 　　秋风萧瑟，洪波涌起。 　　日月之行，若出其中； 　　星汉灿烂，若出其里。 　　幸甚至哉，歌以咏志。	

教学过程

续表

	导学案	二次备课
教学过程	蒿里行 关东有义士，兴兵讨群凶。 初期会盟津，乃心在咸阳。 军合力不齐，踌躇而雁行。 势利使人争，嗣还自相戕。 淮南弟称号，刻玺于北方。 铠甲生虮虱，万姓以死亡。 白骨露于野，千里无鸡鸣。 生民百遗一，念之断人肠。 训练案 在《三国演义》中，罗贯中将曹操刻画为"治世之能臣，乱世之奸雄"，京剧脸谱也将曹操勾画成白脸，印象中他阴险、奸诈、残暴。而《三国志》中曹操又是一个"忠臣贤相""杰出英雄"，结合你所掌握的知识谈一谈曹操究竟是一个怎样的人？（不少于300字。） _____ _____ _____ _____ _____ _____ _____ _____ _____ _____	

教学反思：

（四）现代文新授课导学案（教师版）

表6-4

课题	《荷花淀》	主备人		备课组成员	
课型	新授课	总课时	两课时	授课人	
备 课 内 容					
学习重点难点	1.建立小说人物、情节、环境及主题之间的内在关联。 2.借助比较分析的方法掌握小说的主题。				
教法学法	诵读法、合作探究法、展示法				
作用说明	1.先带着激情诵读课文，给每一个自然段加上序号，标记勾画重点字词。 2.先读课文，再完成导学案，规范书写，独立完成。				
教具准备	多媒体				
教学过程	导学案				二次备课
^	第一课时 【学习目标】 1.整体感知，把握故事情节，初步体会孙犁小说独特的艺术风格。 2.反复诵读，合作探究，品味文中的人物语言和景物描写，学习运用人物对话、环境描写塑造人物的方法。 3.激情投入，全力以赴，学习白洋淀人民的爱国主义精神。 4.积累小说的有关知识。 课前预习案 【知识链接】 作家与荷花淀派。 孙犁（1913—2002）是一位中国现当代小说家、散文家。他非常熟悉冀中抗日根据地人民的生活，其作品有浓郁的乡土气息。他写《荷花淀》的目的在于反映"战争和革命改变了人民的生活，也改变了民族的精神气质"。孙犁的小说语言清新自然、朴素洗练，被称为"诗体小说"。这一鲜明独特的风格，对我国当代					

	导学案	二次备课
教学过程	文学的繁荣与发展产生了极大影响，形成了一个人数相当可观的河北作家群，被当代文坛誉为"荷花淀派"。 【夯实基础】 1.字音。 薄雾（ ）　　吮吸（ ） 泗水（ ）　　菱角（ ） 梭鱼（ ）　　打点（ ） 噘嘴（ ）　　惦记（ ） 围剿（ ）　　凫水（ ） 2.多音字。 埋伏（ ）　　埋怨（ ） 横样子（ ）　血肉横飞（ ） 涨满（ ）　　红涨（ ） 落后（ ）　　落在后面（ ） 3.解释。 藕断丝连：藕已断开，丝还牵连着。比喻表面上关系已经断绝，实际上仍有牵连（多指男女间的情思难断）。 4．辨形 梭　穿梭　　　俊　怙恶不悛 竣　竣工　　　篓　竹篓 镂　镂空　　　偻　佝偻 浚　疏浚　　　缕　丝缕 唆　唆使　　　褛　褴褛 课堂探究案 一、课文分析 （一）情节内容 为小说情节拟小标题，力求简洁准确。 第一部分：水生参军，夫妻话别（故事开端）。 第二部分：探望丈夫，归途遇险（故事发展）。 第三部分：伏击歼敌，锻炼成长（故事高潮、结局、尾声）。 （二）人物形象 1.快速阅读课文，了解小说的主要人物。你认为文章主要写的是水生还是水生嫂？谈谈你的理由。	

	导学案	二次备课
教学过程	2.分析水生嫂这一人物形象。（举例分析水生嫂具有哪些性格特点） 解说：小说中最突出的人物是水生嫂。她的性格既有中国妇女传统的美德，又具有解放区妇女思想进步的特点。 1.勤劳、善良：她织席子又快又好，可以看出她的能干与勤快。丈夫是小苇庄游击组长、党的负责人，大部分家务劳动得由她承担。她上要奉养公公，下要爱护孩子，是传统的贤妻良母型的妇女。 2.温柔、体贴：丈夫工作晚归，她首先"站起来要去端饭"。丈夫说要参军，她"手指震动了一下，想是叫苇眉子划破了手"，表现了她对丈夫的依恋。丈夫参军没几天，她心里思念丈夫，又偷偷和众伙伴去看望丈夫，对丈夫一往情深。 3.深明大义：丈夫参军，她并没有拖丈夫的后腿，虽然她不想让丈夫走。丈夫去别人家做动员工作，她一直"呆呆地坐在院子里等他"，要听听丈夫的"嘱咐"。丈夫说"不要叫敌人汉奸捉活的。捉住了要和他们拼命"。她流着眼泪答应了丈夫，体现了她的忠贞。 **拓展延伸** 小说知识点： 一、小说三要素：人物、情节、环境 二、人物描写的方法 1.刻画人物的五种方法：语言描写、动作描写、心理描写、外貌描写（肖像描写）、神态描写。 2.人物描写的方法还可以分为：正面描写（直接描写）和侧面描写（间接描写）。 三、分析人物的性格特征 从刻画人物的五种方法切入，准确把握人物的思想情感以及性格。抓住人物之间的矛盾冲突(和谐相处)，分析人物之间的错综复杂的关系。 （1）重视小说中人物的身份、地位、经历、教养、气质等，因为它们直接决定着人物的言行，影响着人物的性格。	

导学案	二次备课
（2）通过人物的外貌、语言、行动、心理描写揭示人物的思想感情和性格特征。 （3）小说里的人物都是在一定的历史背景下活动的，所以分析人物应该把他们放在一定的社会历史背景下去理解。 （4）注意作者对人物的介绍和评价。 四、主人公：体现作者的创作意图和作品所要表现的主题思想的人物。 **第二课时** 【学习目标】 1.能够分析环境描写的作用。 2.体会传神的细节描写。 3.了解语言特色，概括主旨。 4.积累小说的有关知识。 【课前预习】 1.检查回顾字词及小说知识。 2.朗读课文并找出文中的环境描写。 【课堂探究】 一、小说中有几处环境描写？分析这些环境描写的作用。 1.小说先是描写优美的夜景。这段著名的景物描写点明了故事发生的环境（地点、时间），引出了主要人物水生嫂。月亮升起来，院子里凉爽而干净，水生嫂身子下面编成了一大片席，在皎洁的月光下就"像坐在一片洁白的雪地上""也像坐在一片洁白的云彩上"，这两个充满无限想象的比喻把水生嫂编席的劳动场面诗化了。紧接着小说通过水生嫂的眼睛来写淀上的风光：银白的湖水，笼起的薄雾，新鲜的荷香，粉红的荷花，这幅画面景物描写是清新、明丽的，色调是清净、银白的。作者抓住了这些富有乡土气息的事物来展现荷花淀的地方风貌，渲染了一种清新宁静的气氛，将读者带进了富有诗情画意的情境中。这里的景是充溢着人物心中情的景，是景情相生的，因此使作品的意境更加广阔而深邃。 2.小说中还有两处景物描写：一处是几个妇女到马庄探夫未遇，羞红着脸摇船归途中的正午淀上风光。"已经快到晌午了，万里无云，水面没有一只船，	

教学过程

	导学案	二次备课
教学过程	水像无边的跳荡的水银""没有一只船"暗示了湖面情况的异常，进一步勾画出白洋淀伏击战的环境，也为下面到来的激烈战斗蓄势。 3.另一处重要描写是妇女们为摆脱日本人的追赶，把船奋力摇入荷花淀里的时候。"那一望无边际的密密层层的大荷叶，迎着阳光舒展开，就像铜墙铁壁一样。粉色荷花箭高高地挺出来，是监视白洋淀的哨兵吧。"这里的景物描写暗示了在这清香四溢的荷花淀里即将发生一场激烈的战斗，也写出了根据地人民同仇敌忾、克敌制胜的信心。同时对荷花形象传神而充满寓意的描写还暗示着白洋淀妇女成长的前途——粉色的荷花箭成了监视白洋淀的哨兵，女人们也将成为保卫家乡的战士。 这些景物描写的作用概括起来主要是： ①为人物活动提供一个明朗清新的环境，渲染了氛围，起烘托作用。 ②情景相生，展现人物的精神面貌，增添文章的诗情画意。 ③为情节的展开作铺垫。 二、这篇小说有许多典型的细节描写，试找出并分析。 "女人的手指震动了一下，想是叫苇眉子划破了手。她把一个手指放在嘴里吮了一下。" 震动：这是水生嫂听到丈夫报名参军之后的一个细节描写。丈夫"明天"就要参军到大部队上去，的确出乎水生嫂的意料，心里感到震动，手指不由自主地震动了一下。我们不难想象，这时水生嫂心里的感情一定是很复杂的：几年的恩爱夫妻，家中生产、生活两副重担，上前线前途莫测。吮：水生嫂毕竟是一个识大体，明大义的人，很快把一个手指放在嘴里"吮"了一下，她用这个动作迅速平衡了自己的情绪，她不能让丈夫看出自己有软弱的表现，并做出了支持丈夫参军的决定，显示了她的坚强性格。	

续表

	导学案	二次备课
教学过程	三、这篇文章的语言很有特色，试作分析。 这篇小说语言准确、朴素、口语化，但又内涵丰富。现以"很晚丈夫才回来……女人流着泪答应了他。"一段为例分析。 水生嫂在宁静如画的夜色中编着席等丈夫回来，丈夫很晚才到家，水生嫂抬头笑着问："今天怎么回来这么晚？"一句平实的问话，表达了女人对丈夫的关切、担心、责备和自豪。当女人从丈夫的"吃过饭了"的答话中，丈夫涨红的脸、气喘反常的神态中，察觉到出了什么事又不便细问，就说了一句"旁敲侧击"的话，"他们几个呢？"丈夫将话题岔开时，女人又忍不住问，"怎么了，你？"这个短促的问句，包含了妻子疑问、关心、催促的复杂心理。水生告诉她"明天要去大部队""我第一个举手报了名"，这时女人低头说："你总是很积极的。"朴实的话语中，夸奖之情、责怪之意、依恋之心都有之，这是一种复杂的心情。古人说"言为心声"，女人的几句平实的话逼真地描绘出根据地妇女在特殊环境中的复杂的心理状态。接着水生说其他队员不敢回来，"怕家里人拖尾巴。""他们觉得你还开明些。"丈夫鼓励赞扬的话，妻子没有答，她在思索。过了一会她才说："你走，我不拦你，家里怎么办？"既写出了她识大局，明大义，对丈夫参军的支持，也委婉地表示希望丈夫考虑一下家里的实情，当然也夹杂着舍不得丈夫离家的心情。水生说，"家里的事你就多做些，爹老了，小华还小"，"千斤的担子你先担吧，打完了鬼子我回来谢你"。真挚的语言表达了水生保家卫国的赤诚之心，令人感动之至。"你明白家里的难处就好了"，表示妻子谅解了丈夫，完全同意丈夫参军。在家庭利益和民族利益发生矛盾时，她能正确处理，毅然挑起了家庭、生产的重担。所以她"鼻子里有些酸，但并没有哭"。临别嘱咐更是将一对年轻夫妇热爱祖国，热爱家乡，	

	导学案	二次备课
教学过程	保家卫国的崇高感情和临别难舍难分的复杂心理刻画得惟妙惟肖。"你要不断进步、识字、生产。""什么事也不要落在别人后面！"这是在政治、思想、文化上全面的关心和鼓励。"不要叫敌人汉奸捉活的。捉住了要和他拼命"这是最重要的一句，水生着眼的不只是个人安危，而是民族气节。 孙犁小说的语言，带有浓郁的抒情气息，能把人们带进诗与音乐的世界。这种语言新鲜、活脱、洗练、自然，尤其是人物语言丰富，个性鲜明，细致入微地表现特定环境中人物丰富的内心世界。 四、主题 小说虽然描写的是抗日的事情，但是并没有直接写战争的激烈、残酷。而是把笔墨集中在普通百姓的夫妻之情、家国之爱上。通过描写这些善良、纯真的人们在战争环境中表现出的人性光辉，来表现人民不畏强暴，保卫家园的精神状态。小说描述了以水生嫂为代表的白洋淀青年妇女逐步由普通劳动者成长为机智勇敢的抗日游击战士的过程，表现抗日根据地人民热爱生活、热爱祖国的精神。 【拓展延伸】 小说知识点： 一、环境描写 1.环境描写是对人物活动的环境的描写和事情发生的背景的描写，它包括自然环境描写和社会环境描写。 2.自然环境描写，也叫作景物描写，主要是对人物活动的时间、地点、季节、气候以及花鸟虫鱼等场景的描写。 3.社会环境描写，主要是对人物活动的具体环境、处所、氛围以及人际关系的描写。 4.环境描写的作用主要有：①交代故事发生的时间、地点，为人物活动提供具体的背景；②暗示社会环境，揭示社会本质特征，表现人物的身份、地位；③揭示人物心境，表现人物性格；④渲染某种气氛；⑤推动情节的发展。	

教学过程	导学案	二次备课
	二、把握小说主题的方法 （1）从小说的情节和人物形象入手。 （2）联系作品的典型环境的精彩描写。 （3）联系创作的时代背景和作家创作的动机。	
教学反思：		

二、课例分析

（一）课例分析："由一节课管窥当前的高中文言文教学"

前些时日听了高一一节"高效课堂"模式下的"小组合作学习"公开展示课，内容为《项脊轩志》第二课时，听完之后，很有感触。

根据导学案内容安排，也听授课者课后说，上课之前曾安排学生做过预习，在第一节课，老师着重将《项脊轩志》一文的文言基础知识进行了一些梳理。这节课主要是以小组合作的形式探究三个问题：①文章围绕项脊轩写了哪些人，哪些事？分别表现了作者怎样的感情？②"余居于此，多可喜，亦多可悲。"悲才是本文的主调，作者有什么可悲之事？文中哪个细节最能打动你？③探究文中的细节描写，并谈其给我们的启发。其中以第三个问题作为本课时的重点，在处理这个问题时，授课教师先是亮出了一段原文的改写，以引出细节描写的妙处；然后将学生平时作文训练中有关细节描写的一些习作片段加以展示；最后是一段场景的细节描写课堂训练，并做了现场的展示。

应该说，这节课在教学理念上是有别于传统的文言文教学课堂模式的，一是，它跳出了传统课堂讲文言文时过多纠缠于文言基础知识落实，忽视文本涵泳解读、探究的模式，将文本还原为一个整体，让学生在文本整体把握的基础上把握文言知识；二是，能将文言文教学与学生情志的陶冶相结合，引导学生走近作者，与作者的情感产生共鸣，这与当前语文教学的基本精神是相吻合的；三是，对文本的重点把握比较准确，并将文中比较突出的细节描写作为重点加以突破，通过训练、评析、探究等形式将重点知识加以落实，实效比较好。

更为重要的是授课教师在教学过程中留了较多的时间给学生去探究、展示，教师在课堂上更多地担当起了组织者和引导者的角色。我们知道现在倡导的高效课堂模式最为核心的理念就是让学生由传统课堂模式下学习的被支配者变为学习的主动参与者，让学生在老师的组织下对所学内容进行切合自身认知能力与特点的重新建构。这节课中老师大胆放手，让学生始终参与到课堂中来，基本上能做到每一个时间段都有事做，我想一个形、心均动的课堂在实效上应该不会太差。

当然，这节课也显露了一些比较明显的问题。

首先想说说这份导学案，按照当前"小组合作学习"的"高效课堂"模式，"导学案"和"小组建设"一样都是"高效课堂"的核心之一，这要求其在编排上要尽可能的合理，在编排过程中既要考虑教学的知识梯度，力求将不同层次的内容有其相应的合理安排；更要符合学生已有认知的特点，还要充分考虑到学生以后知识的延续性与连贯性。总的标准就是要让导学案能在教学过程中配套、有效。在这节课的导学案中，将课文中的文言基础知识（重点实词、虚词、词类活用、通假字、文言句式等）全部放入"预习案"中；"探究案"中的内容就是我在上文中提到的三个问题，另外还有一个处理得有些仓促的有关细节描写的当堂训练题；在"训练案"中设计了一篇现代文阅读训练题。

我们先看这份导学案的前两部分，将所有的文言基础知识放入"预习案"就很值得商榷。理由很简单，"预习案"的内容安排原则上应是能够串联起学生过去的认知水平与现在的认知要求，这部分内容应该是学生通过自身努力可以自主解决的。但几乎任何一篇新授文言文课文都有一些文言基础知识是超出学生的认知水平的。文言基础知识积累的重要性是不言而喻的。而在"探究案"中,编写者将"文章的结构分析"作为一个重要问题拿到课堂上做探究其实是没有必要的,因为本文思路非常清晰,学生只要结合课文注释及相关参考资料完全可以自己掌握。事实上,几乎所有的高中课本中的文言文的结构都是比较简单的,根本没必要在这方面大费周章。

按照"最近发展区理论",教师在设计问题时,应将问题设计在学生通过努力能解决,将能力定位在学生可以触及的位置,只需将学生已有却又处于休眠状态的知识加以激活即可。由此,我个人认为在"高效课堂"模式下的文言文导学案的编写应有比较明显的针对性,首先在"预习案"中设置一些学生在以前学过而在这篇课文中又出现了的重要文言基础知识,同时将课文下面的注释中的重要知识点提出来作为强调巩固部分。另外设置一两个关于文章整体把握的问题,如文章的主旨是什么、文中讲了何事、文章的结构上有何特点等,这主要是培养学生对文章整体把握的意识。而在"探究案"中应将一些重要的文言基础知识(切不可面面俱到,而应是本文中比较突出的知识点)单独拿出来进行探究,最好是能得出一些规律。其次是要关注文中比较突出的形式方面的东西(如刻画人物、景物描写的方式方法等)加以探究。文言文教学还有一个极其重要的使命就是挖掘文本中的具有人文价值的东西,这是一篇文言文的生命所在,切不可忽视,因为语文课堂无论如何还是应该追求一些"语文味"的。至于"训练案",最好选择与本文内容匹配的课外文言文进行训练,如果是选择成题,应对成题作适当的修改。这里要强调的一点是,我们在平时的文言文训练题设计中不一定要每次都与考试的题型完全一致,而是应该根据不同的阶段(特别是最近新授课中所强调的知识点)有所侧重,只有这样才能让学生在第一时间更好地巩固所学知识。总的来说,"高效课堂模式"下的文言文导学案应以学生的已有认知水平为基点,以发展学生的能力素养为目标,在编写的过程中应集合备课组教师的智慧,经过反复讨论、斟酌,最终定稿。

接下来想说说这节课的教学过程。从传统意义上来说，一节课是否成功，一是看其内容的安排是否合理，二是看其预设的目标是否实现。前者体现的是教师对课文的把握能力，对知识点与学生已有水平之间的契合点是否定位准确；后者在很大程度上体现的是教师对课堂的掌控能力。现在高中语文课本选择的文言文基本都是知识与情志结合的经典篇目，学之必然有益，如何合理安排好教学的过程就显得尤其重要。

就这一层面的处理上来说，《项脊轩志》这篇课文我认为两课时应该能处理得比较充分。第一课时先用十分钟左右的时间检查学生"预习案"的完成情况，可以先让一名语文成绩中等的学生上去展示，而后让其他同学对其中存在的一些问题做出点评，如果还有不足，教师轻轻一点即可；处理完"预习案"后，可以集中处理"探究案"中文言基础知识部分的内容，并让学生对此类知识形成一些浅层规律性认识（我个人认为，探究型题目应尽可能让学生形成一定层次的规律性认识）。而在第二课时可以集中突破文中的一两个问题，这一两个问题必须是文中突出的、有挖掘价值的知识点。当然这里涉及一个课堂的容量问题，什么样的容量才是合适的，这其实很难界定，但我想正常、合理的一节课其重点应该是突出的，当这节课呈现出来的时候，学习者应该能很清楚地感受到其重点所在，而这个重点应该由一条主线牵引着，贯穿整节课。就这节课来说，只要解决一个或两个问题就可以了，那就是本文的细节描写和环境描写。在过程安排上可以先就文中的细节进行探究，然后由此展开进行延伸拓展，最后进行随堂演练并加以展示点评。在时间安排上可以是各占三分之一，也可以前者轻，后二者重。这样整节课的重点就会显得突出，各个环节衔接会合理自然得多。同时能合理地调动学生，让学生的各种感官与情志都参与其中，既学得轻松，又学得扎实。

当然，我们也应该看到，在新课标精神指引下的"高效课堂"模式是有别于传统课堂模式的，它更多的是关注学生在课堂当中的过程参与度以及在这一过程中的情志收获，如合作意识、自我认可程度等。还有就是对课堂上新生成的内容进行合理的引导，如何处理好这些"生命的火花"，这对授课教师来说毫无疑问是一个挑战，却又必须去应对，而且要努力应对好。就这一最具生命力的主题表现来看，授课教师对其的注重程度应该还是不错的。但我们还是发现，这一节课自始至终都是在教师规定的框架之内进行的，学生循规蹈矩，老师一板一眼，甚至对偶尔出现的一些可能是超出预设范围的点匆匆带过或是视而不见。给我们的感觉是整节课像在走程序，缺乏亮点，这与新课标的精神是不太吻合的。

"魂兮归来"这是多少年来我们在文言文教学中所渴盼得到的东西，正是教师将文言文文本的知识点与其精神内核的无情剥离，才使得我们的文言文教学变成了无源之水，死气沉沉。也正是教师的无情之举，让学生的"魂"迟迟无法融入文本中，有"行"的参与会使课堂热闹，有"心"的介入可以提升课堂的实效，但唯有"神"的融入才使得文言文变得鲜活。传统的文言文教学没有解决好这些问题，但"高效课堂模式"下的文言文教学似乎应该有这些方面的追求。但就《项脊轩志》这一节课来看显然没有达到，"路漫漫其修远兮"，看来我们这些语文教师还需"上下而求索"。

文言文是高中语文课堂教学的重点，也是难点，如何教得充实而又不失鲜活，如何将过程的灵动与教学的实效结合起来，这一系列问题都需要我们不懈努力，孜孜追求。

（二）教学实录：《冬天之美》

1. 设计意图

《冬天之美》是一篇典范的散文，同时又是一篇自读课文，本教学实录在设计过程中主要考虑从以下几个方面来实现教学目标：①注重培养学生对课文的整体感知能力。②充分尊重学生在教学过程中的主体地位，教师重点在于诱导、占据与开掘，紧紧抓住教学重点来进行引导。③让学生在学习过程中，能够切实感受到听、说、读、写能力培养在语文学习过程中的作用及重要意义。

2. 导入课文

师：春天是一个百花齐放、姹紫嫣红的季节，在这个季节里人们感受到生命的舒放；夏天，烈日固然可怕，可那份炽热却又让人感受到生命的奔放；秋天，我们享受着丰收所带来的无穷无尽的喜悦；冬天呢，虽然有冰雪给孩子们造就的一个个童话世界，但更多的时候，我们却不得不诅咒那毫不留情的冰冷制造者。但是在一位作家眼里，冬天却是那么迷人，那么有生机和活力，今天我们就来学习这样一篇文章——法国著名女作家乔治·桑的《冬天之美》。

3. 感知课文

师：下面我们一边听录音，一边看书，同学们把文中描写冬天之美的句子找出来。（放录音）

师：（扫视全班）好，下面请一名同学来读一读文中描写冬天之美的句子。

生："当太阳拨开云雾，当它在严冬的傍晚披上闪烁发光的紫红色长袍坠落时，人们几乎无法忍受它那令人炫目的光芒。即使在我们严寒却偏偏不恰当地称为温带的国家里，自然界万物永远不会除掉盛装和失去盎然的生机，广阔的麦田铺上了鲜艳的地毯，而天际低矮的太阳在上面投下了绿宝石的光辉。地面披上了美丽的苔藓。华丽的常春藤涂上了大理石般的鲜红和金色的斑纹。报春花、紫罗兰和孟加拉玫瑰躲在雪层下面微笑。由于地势的起伏，由于偶然的机缘，还有其他几种花儿躲过严寒幸存下来，而随时使你感到意想不到的欢愉。虽然百灵鸟不见踪影，但有多少喧闹而美丽的鸟儿路过这儿，在河边栖息和休憩！当地面的白雪像璀璨的钻石在阳光下闪闪发光，或者当挂在树梢的冰凌组成神奇的连拱和无法描绘的水晶的花彩时，有什么东西比白雪更加美丽呢？"

师：好的，刚才这名同学所读的文字确实是作者在文中用来描写乡村冬天之美的句子。请一名同学用一些简洁的字词来归纳这幅冬景图中的景物及其特点。

生：阳光——灿烂，麦田——鲜艳，苔藓——美丽，常春藤——华丽，报春花——微笑，鸟儿——栖息，白雪——发光，冰凌——花彩。

师：归纳得很好，作者在这里从乡村冬天里的声（"但有多少喧闹而美丽的鸟儿路过这儿"）、色（麦田、苔藓、花儿）、光（阳光）诸多方面来给大家展示了一幅冬天的图画。下面请同学们谈谈这些景物描写的文字有什么特点。

生：色彩明丽，充满生机，跟我们想象中的死气沉沉的冬天不一样。

生：语言节奏明快，读完之后让人感到生机和活力。

（板书：色彩明丽、节奏轻快）

师：很好。作者在这篇文中一反传统思维中冬天的特点，用明快的笔触描绘了一幅生机勃勃的冬景图。这些文字是围绕文中的哪一句话来展开的？

生：（齐声说）"我从来热爱乡村的冬天。"

师：对。这篇文章和朱自清先生的《荷塘月色》一样，都是在开篇点出文章的文眼，确定作者的思想感情基调。下文都是在这个感情基调的指引下来展开的，这也印证了散文的一个特点……

生：（齐声大声说）形散而神不散。

师：非常正确。一篇散文的作者在文中无论怎样组织文字，都必须围绕其表达思想感情的需要，同学们在以后接触到散文时，一定要紧紧地扣住这个关键点去欣赏、去阅读。好，刚才我们欣赏了作者在文中对乡村冬天的美丽景物的充满激情的描写，但同学们看到在这个自然段的末尾，作者还有这样一句话："在乡村的漫漫长夜里，大家亲切地聚集一堂，甚至时间似乎也听从我们使唤。"非常明显，这句话由原来对景物的描写转为关注人的存在，作者这样写有什么作用？

生：如果只有冬日自然风光的描写，固然令人赏心悦目，但它终究局限于静物的范畴，缺少感情的交融。相反地，文中一旦写出人情来，情况就大不一样了，既有静景的描写，又有动景的描写，动静结合。同时，由于人的存在，使景物的色彩烙上人的感情，这样就活化了客观事物，从而产生了良好的艺术效果。

师：（鼓掌）很好。

（同学们也一起鼓掌）

师：本文作者在第二自然段里，对冬天的乡村之美作了直接地描写，从这里我们也读出作者对乡村冬天的美丽景色有着强烈的、浓浓的感情。但是如果从感情抒发的角度来说，作者这样一种可以说是"反传统"的感情，如果非常直露地表露出来，难免会削弱其艺术表达效果，他需要有一处铺垫，我们一起来看看，作者在第一自然段是怎样来实现他的这一目的的。首先，同学们看看作者在这里用了什么手法。

生：（齐声）对比。

师：同学们找出文中有鲜明对比的句子。

生：（齐声）"臭气熏天和冻结的烂泥几乎永无干燥之日，看见就令人恶心。""一片阳光或者刮几小时风就使空气变得清新，使地面干爽。"

师：对，大家再找出文中作者议论的言辞。

生："我们的富翁们所过的人为的、悖谬的生活，违背大自然的安排，结果毫无生气。"

生：还有"他们在一年当中最不适于举行舞会、讲究穿着和奢侈挥霍的季节，将巴黎当作狂欢的场所。"

师：好的，刚才同学们所读的对比以及议论的语言告诉了我们什么？起了什么作用？

生：作者的这些话明白无误地告诉我们：她讨厌城市的冬天，热爱乡村的冬天。

生：作者在这里吐露出自己对城市的厌恶之情，形成感情的倾向，将读者的注意力吸引到下文，往重点方向移动。

生：这个自然段给作者的感情抒发打下了一个坚实的基调，为下文的景物描写，感情抒发做了铺垫。

师：很好。的确如此，城市的灯红酒绿固然令某些人神往，但在作者的眼里，它却是一方污浊之地。乡村的景致难免粗陋，但在作者的眼里，它却是一方圣地。作者用一个简洁的对比，将乡村的冬天之美的整体意象留给了读者，在其下文，作者就用华丽的、充满生机的笔触将冬天里乡村的美丽景致展现给读者。这也就是刚才我们所欣赏到的那幅美丽的"冬景图"。

4. 再造活动

再造活动1：

师：下面我们请一名同学将本文作者在文中所表达出来的思想感情用自己的话表述出来。

生：长篇小说《康素爱萝》《安吉堡的磨工》的作者法国著名女作家乔治·桑不喜欢城市冬天的糜糜之气，她非常热爱乡村的冬天景致，在《冬天之美》这篇优美的散文里，她尽情地抒发着自己的这份感情，在她的笔下，冬天的阳光是那么的辉煌，那么的灿烂；自然界的万物永远是那样的生机盎然；麦田在如绿宝石般的太阳的照耀下仿佛是披上了一层鲜艳的地毯；报春花、紫罗兰和孟加拉玫瑰这些在冬天失去了娇艳身姿的闺秀们却原来是躲在地下开心地微笑；那些美丽的鸟儿就在那潺潺的溪流这一边晒着和暖的阳光，一边伸着腿儿、拉着身子享受大自然的无穷恩惠；还有那漫山遍野的白雪在闪闪的阳光下发出钻石般的璀璨光彩，那挂在树梢上的冰凌也成了水晶的花彩。好一幅美妙的冬景图！看到它，我们原本阴晦的心情一下子变得如春天般明媚；我们原本满腔的烦恼也烟消云散；而那些想在我们心情里布下阴影种子的坏蛋看到没有机会，只好逃之夭夭。

师：说得好！

（全班学生热烈鼓掌）

再造活动2：

师：作者乔治·桑给我们描绘了一幅美丽的"冬景图"，同学们是不是可以给大家带来一幅"春景图""夏景图""秋景图"呢？下面给大家五分钟的时间写一段有关热爱春天的文字，然后我们请一名同学起来将你所描绘的"春景图"给大家展示一下。

（学生热情高涨，个个跃跃欲试）

生：春姑娘在我不经意的时候来到了我们的身边，她舒缓的呼出一口气，将那原本光秃秃的杨柳枝吹得满身青翠。看，重新披上艳装的杨柳们笑得多开心；她跳起袅娜的舞步，将沉寂多时的百灵鸟吵醒。瞧，她们正在那片她们钟爱的树丛中引吭高歌；她挥动着轻柔的手臂，招来成百上千的蜜蜂簇上似锦的繁花，重现"红杏枝头春意闹"的诗情画意；她抖动她那轻柔翠绿的衣裳，自然万物顿时一片沸腾，恰如那旷古的音乐重现人间……

生：在一个我不大在意的早晨，一只快乐的鸟儿飞到我的窗外，唱起了欢快的歌。这大大引起了我的兴趣，我披起衣裳，推开窗子，首先映入眼帘的是一片耀眼的绿，绿的海洋中间是一簇簇美丽娇艳的花朵，而后便见到了那只唱着欢快歌声的百灵鸟，不！她还在跳舞呢！再远处，也是绿的世界，人们正忙着为秋天的丰收辛勤地劳作……我知道：春天已经来到了我的身边。

师：很好，让我们一起为春天欢呼，为春天歌唱。

（师生再一次热烈地鼓掌）

5. 教学小结

师：同学们刚才从不同的角度、不同的层面谈了自己对春天的感受，表达了一种蓬勃的生机和活力，同时，我们从乔治·桑的《冬天之美》中感受到不光春天、夏天、秋天有美，在看似了无生机的冬天原来也有一个丰富、美丽的世界，体现出作者不同于一般人的发现美的能力，但愿我们也有一双如乔治·桑一样善于发现美的眼睛。

三、班级管理

课堂教学改革背景下的班级管理："快慢结合，舒卷有致——节奏在班级管理中的运用"。

节奏原指音乐中的交替出现的强弱、长短等现象，把它应用到班级管理中，就是班级管理过程中的疏密相间、快慢结合、舒卷有致、动静相生、张弛有度。良好的班级管理节奏，不仅使班级管理具有艺术性，而且能够提高班级管理的效益，能更好地促进师生的和谐发展，实现教育的目的。一个有经验的班主任，他的成功在于能够很好地在管理中激发学生的主动意识和进取精神，选择恰当的教育方法，采用合理的管理机制，使班级气氛张弛有序，自始至终吸引学生的注意力，启发性地激励学生积极的思考，全面地提升学生动手的能力，从而使教育的目的在轻松愉悦的氛围中得以实现。要做到这些不容易，笔者结合自己担任班主任的经验，姑妄谈之。

（一）快两步

班级管理中的"快"是指班主任对学生的信息、问题把握，处理问题的宽度、厚度，在一定程度上反映了这个班级管理的效度。管理节奏的准确把握，往往能使班级在高速、高效的轨道上良性运转。

"快"的第一步是要快速、准确地掌握学生的信息。当今社会，在教育中培养学生的"公民意识"越来越成为教育界乃至全社会的共识，将学生培育成为符合社会各项要求的合格公民，肯定需要教师的悉心引导。在学校、班级活动中引导学生学会认知、学会做事、学会生活、学会与他人一起和谐共处。班主任要想使自己的教育理念、思想得到学生的认可，前提是必须使自己的教育符合的学生身心认知特点。"班级是学生学校生活的主要场所，班级是学生社会化进程的演练场"。班级是现代社会不可缺少的一部分，跟社会有着千丝万缕的联系。随着现代教育的发展，终身教育体系的建立与完善，班级已成为现代社会中青少年自我教育和自我完善的社会生活领域。学生在班级与人一起生活的成长过程中，建立了各种既简单又复杂的关系。班主任要促进学生成长，就必须视野开阔，及时发现学生在学习、生活、交往中问题的真相。而要做到对学生的情况了如指掌，就应该疏理自己的信息渠道，尽可能做到"眼观六路，耳听八方"，不断拓展有效信息渠道。假定以班主任为中心，周围的每一个信息源为一个点，每个点又有若干个信息触觉去捕捉信息，将各点与中心联起来，就形成一个网，信息就沿着线路源源不断地流向班主任这一中心。

而要做到这一点就必须要快速做好以下工作：其一，班主任要建立班级信息获取站点。一个班级在成立之初，就要马上着手培养一批关心集体、认真负责、以身作则的班干部，建立一个有良好分工、团结协作的班委。强有力的班委能在最短时间内处理一些他们力所能及的班级事务，使同学之间的一些矛盾纠纷在萌芽阶段就得以平息。更为重要的是，这样能让班主任能在第一时间从班干部那儿得到来自班级中的声音，从而清楚班级现状，选择更加合理有效的工作思路、策略。其二，班主任要迅速从学校的各项评价中发现问题，特别是要密切与科任教师的联系。因为科任教师长期处在班级的第一线，撇开情感因素，我们从他们的表述中获得的都是班级中最客观真实的情况，班主任有理由对其重视。其三，班主任要主动与学生家长取得联系，进一步扩大信息渠道，从家长处了解到学生的家庭状况和学生在家的学习、生活习惯。有些班主任建立班级网页的做法是值得推广的，在这里班主任既能获得学生的一些心声，也能让家长畅所欲言，表达他们对一些问题的看法。班主任从班级网页中的信息中获得教育的内容，准确把握好教育的方向，从而切实提升教育的针对性与实效性。

"快"的第二步是要快速判断信息，果断做出决策。在掌握了大量信息的基础上，班主任要快速判断、快速决策、快速处理。很多事情就是因为犹豫而痛失最佳时机，给班主任工作带来不必要的麻烦。班主任尤其要在最快的时间内关注以下几个问题：一是，尽快给陷入某种困境的学生以及时的帮助。心智还不太成熟的学生难免在一定的环境中产生生活、学习、情感等方面的一些困惑，有些困惑甚至会让他们陷在其中，难以自拔。这个时候班主任以各种方式，如自己亲自或是派出得力班干部对其加以疏导，使其以最快的时间回到正轨上来。我们经常说，教育要让冷漠走开，但还有一句话，投桃报李也是人之常情。班主任这样做，学生往往会产生一种"知恩图报"的心理，自觉地配合班主任开展工作。可以想象一个没有学生游离在外的班集体那将会有何等的凝聚力和向心力。二是，要及时肯定学生的进步，使他们享受成功的喜悦。社会心理学中"阿伦森效应"告诉我们：人们总是喜欢褒奖不断增加，批评不断减少。我们经常在教育中说到一个现象：我们用80%的时间关注20%的学生，这些学生基本是处于"好""坏"的两端，而对班级中的绝大多数"平庸"的学生却关心甚少，很显然这是违背教育规律的一种看问题的方式。事实上每一个学生都有他的闪光点，一位优秀的班主任必然会充分发掘班级中的每一个学生的优点、长处，从而构建一个具有战斗力的班集体。故而班主任对班级中的每一个成员不能定性、定论，戴着有色眼镜看问题总是难免失之偏颇的。相反，如果能及时对学生在某个特定情境下的闪光点及时肯定，这个学生的自信心必然大增，其融入班集体的意识必然得到加强。

（二）慢三步

班级管理中的"慢"是相对于"快"而言的，它隐含班主任要善于等待教育时机和具有一颗对学生宽容的心的意思。教育过程是一个潜移默化的过程，潜移默化具有强烈的渗透性，它使学生在不知不觉中接受教育，不断改正自己的缺点，不断地取得进步，最后完成由量变到质变的过程。

"文化濡染"要"慢"。班级文化建设的重要性不言而喻，它是在潜移默化中对学生、对班级产生影响，这也是大家共知的道理。但在实施过程中，很多班主任太过注重眼前的实绩，使得不少班主任在班级文化建设过程中流于表面、流于形式，换言之，就是过度地在文化的显性层面做文章，有的班主任甚至还有应付检查之嫌。事实上，文化建设的真正核心在于隐性的影响，显性的呈现更多的是承担载体的功能，起促进作用。故而，在班级文化建设中并不在于你组织学生读了多少有关文化方面的文字，也不在于你给班级布置了多少东西，关键点在于，这些东西对学生产生了怎样的影响，而这种影响绝不可能一下子就生成。所以，班主任在建设班级文化时不可心躁，只有静下来，慢慢地做出符合学生身心特点的解读，调动学生以探讨、交流的姿态去学习文化，感悟文化，并且努力使学生在学习、生活过程中不断践行，真正内化成其自身的素质，并且在建设过程中不断强化才是真正有效的。

诱导后进生要"慢"。人的良好思想品德的形成，并不是简单的雕塑过程，而是人的内心通过一系列的矛盾运动向着正确方向"内化"的长期的自我实现的过程。因而后进生的转化过程中，出现反复的现象是正常的，需要班主任的耐心和细致。暴风骤雨、劈头盖脸地批评，痛快固然痛快，但未必收到好的效果。把后进生反复训斥为"无可救药""糊不上墙的稀泥"，这势必会挫伤后进生的积极性，甚至激化矛盾，转化的效果难免前功尽弃。因此，面对学生反复犯错误的现象，班主任需要冷静，更需要时间，一是留给自己思考的空间，二是给学生以自我改进的机会。我们应当正视反复，理智地对待它，对学生进一步诱导，采取更妥帖的办法进行教育，千万别把学生"逼"回去。

对一些"特殊"学生的"改造"要"慢"。这里所说的"特殊"学生是有别于后进生的，是指在班级管理中遇到的一些与班主任的理念格格不入，并固守着自己的为人处事、学习习惯的学生。很显然，这些学生充满个性，对一些问题有自己独到的理解，往往有一些相应的行动方式。从现代教育的理念上来看，这些学生是很有存在价值的，但这些学生由于心智发育的局限，又往往容易走入自以为是的怪圈。例如有的学生会非常固执地认为某个老师在针对他，而事实上并非如此；有的学生总是觉得某些常规要求（如不准穿拖鞋回校）没有必要；有的学生觉得班级文化建设费时费力却见效甚微，大可不必花大力气去做；还有的学生似乎天生就对环境较为冷漠，他们不愿参与班级活动，也不大愿意参与班级的各项事务。他们的这种固执往往会使班级的一些要求在这些学生身上打折扣，显然这对班级的发展是不利的。但是，我们都知道一种意识形态的形成是有一个漫长的过程的，它受到各种各样因素的制约。班主任想一下子就将他们的这些观念转变过来肯定是不可能的，而且有些事情本来就没有绝对的正确与否，强令禁止与班主任自己观念不相符的事情根本不可能。在这种情况下，我们既要及时与其交流，努力将其引导到主流意识的轨道上来，这可能更需要多一些等待，要知道等待其实也是一种教育的有效方式。我们经常会遇到一些学生在漫长的时间甚至毕业之后与老师交流时才会明白以前老师对他的良苦用心，这正说明了班主任在做这些学生的思想工作时需要耐心、耐心、再耐心，千万不可简单粗暴了事。

如何提升班级管理的实效几乎是每一位教育管理者共同关心的话题，作为班主任，工作烦琐而复杂，如何使自己在繁杂的工作中理顺思路，把班级管理工作做得有一些艺术性，甚至能在工作中找到快乐，这就要求我们每一位班主任在实际工作中迅速抢占学生管理的制高点，要分清主次、缓急，调整管理的节奏，张弛有致；处理好"快"与"慢"的关系，掌握班级管理的主动权。

参 考 文 献

[1] 马克思,恩格斯.马克思恩格斯选集:第1卷[M].北京:人民出版社,1995.

[2] 杜金亮,李慧萍.论人的现代化与人的全面发展的关系[J].齐鲁学刊,2000(5):110-114.

[3] 马克思,恩格斯.马克思恩格斯全集:第23卷[M].北京:人民出版社,1979.

[4] 桑新民.建构主义的历史、哲学、文化与教育解读[J].全球教育展望,2005(4):50-55.

[5] 林宪生.多元智能理论在教学中的运用[M].北京:开明出版社,2003.

[6] 田友谊.多元智能热的"冷"思考[J].广西教育,2006(6):12.

[7] 崔允漷.有效教学[M].上海:华东师范大学出版社,2009.

[8] [美]韦恩·K.霍伊,塞西尔·G.米斯克尔.教育管理学:理论·研究·实践[M].范国睿,译.北京:教育科学出版社,2007.

[9] [美]拉尔夫·泰勒.课程与教学的基本原理[M].施良方,译.北京:人民教育出版社,1994.

[10] 李希贵,等.学校转型:北京十一学校创新育人模式的探索[M].北京:教育科学出版社,2014.

[11] [美]罗伯特·K.殷.案例研巧:设计与方法[M].4版.周海涛,李

永，李虔，译.重庆：重庆大学出版社，2004：124-125.

［12］吴遵民，李家成.学校转型中的管理变革——21世纪中国新型学校管理理论的构建［M］.北京：教育科学出版社，2007.

［13］吴志宏，冯大鸣，魏志春.新编教育管理学［M］.2版.上海：华东师范大学出版社，2008.

［14］徐建平.学校：在政府、市场与社会之间——现代学校制度的理论探索及启示［M］.北京：教育科学出版社，2011.

［15］杨小微，刘良华.学校转型性变革的方法论［M］.北京：教育科学出版社，2011.

［16］蔡红英，李有军.论新课程改革与学校组织变革［J］.科协论坛，2007（3）：180-182.

［17］何敏，叶澜."关于我国中小学教育改革状态"的调查研究报告［J］.华东师范大学学报（教育科学版），2002，20（3）：1-14.

［18］贾汇亮.优质学校创建中组织变革的路径、特征及策略［J］.教学与管理，2010（22）：18-20.

［19］陆云泉.以教学方式变革为导向的学校组织变革的策略选择［J］.中小学管理，2013（9）：14-16.

［20］卢乃桂，李晓蕾，黎万红.西方变革领导理论对中国学校教育改革的启示［J］.复旦教育论坛，2010（5）：25-30.

［21］吕蕾.中小学校组织变革的几个动向［J］.中小学管理，2013（9）：20-22.

［22］裴娣娜.论我国课堂教学质量评价观的重要转换［J］.教育研究，2008（1）：17-22.

［23］邰雨峰，王红岩.学校组织变革的范式研究［J］.教育教学论坛，2012（37）：114-116.

［24］徐高虹.学校变革的内部阻力与克服［J］.教育发展研究，2008（5）：5-6.

[25] 杨天平，张水玲.学校组织变革与发展策略：构建学习型学校［J］.当代教育论坛，2004（4）：34-36.

[26] 朱丹.建设现代学校制度的思考和探索［J］.河南教育，2011（4）：11-13.

[27] ［日］佐藤学.学校再生的哲学——学习共同体与活动系统［J］.钟启泉，译.全球教育展望，2011（3）：3-10.

[28] ［日］佐藤学.静悄悄的革命［M］.钟启泉，译.上海：华东师范大学出版社，2014.

[29] ［日］佐藤学.教师的挑战——宁静的课堂革命静［M］.钟启泉，陈静静，译.上海：华东师范大学出版社，2017.

[30] 冯莎.学校变革的阻力与策略研究［D］.成都：四川师范大学，2011.

[31] 姚志敏.课程改革背景下的教师课程执行力研究［D］.上海：华东师范大学，2011.

[32] 中华人民共和国教育部考试中心.中国高考评价体系［M］.北京：人民教育出版社，2019.

[33] 教育部考试中心.中国高考评价体系说明［M］.北京：人民教育出版社，2019.

[34] 中华人民共和国教育部.普通高中课程方案（2017年版）［M］.北京：人民教育出版社，2018.

[35] 杨学为，吕文利，吴四伍，等.考试蓝皮书：中国高考报告（2020）［M］.北京：社会科学文献出版社，2020.